D1658191

X.media.press

Springer
Berlin
Heidelberg
New York
Hongkong
London
Mailand
Paris
Tokio

Stefanie Bartel

Farben im Webdesign

Symbolik, Farbpsychologie, Gestaltung

112 Abbildungen

Stefanie Bartel (Dipl. Infw.)
E-Mail: S_Bartel@web.de

ISSN 1439-3107
ISBN 3-540-43924-2 Springer-Verlag Berlin Heidelberg New York

Bibliografische Information der Deutschen Bibliothek

Die Deutsche Bibliothek verzeichnet diese Publikation in der Deutschen Nationalbibliografie; detaillierte bibliografische Daten sind im Internet über <http://dnb.ddb.de> abrufbar.

Springer-Verlag Berlin Heidelberg New York,
ein Unternehmen der BertelsmannSpringer Science+Business Media GmbH
http://www.springer.de

Umschlaggestaltung: KünkelLopka, Heidelberg
Texterfassung und Layout durch die Autorin
Datenaufbereitung: medio Technologies AG, Berlin
Druck und Einband: Stürtz, Würzburg
Gedruckt auf säurefreiem Papier 33/3142 ud 5 4 3 2 1 0

Vorwort

„Wir sehen immer nur, was wir wissen."

(Eine Grundregel der Wahrnehmungspsychologie)

Schon immer hat sich der Mensch mit der farbigen Gestaltung seiner Umwelt befasst. Sie beschäftigt seine Empfindungen und Bedürfnisse, diese wurden in unzähligen Generationen geformt und gefestigt.

In Jahrtausenden wurden unzählige farbige Meisterwerke in allen Ländern der Erde geschaffen – Farbe wurde zum unentbehrlichen Gestaltungselement in allen Bereichen der Kultur. So auch in einem relativ neuen Medium, dem Internet.

Doch wie verhalten sich die über Jahrhunderte gewachsenen Empfindungen und emotionalen Wirkungen in Bezug auf dieses neue Medium? Gelten sie auch hier ausnahmslos? Können somit die über andere Medien gewonnenen Erkenntnisse z.B. in Marketing und Werbung 1:1 auf das Internet umgesetzt werden?

Oder wird dieses (Massen-) Medium vielleicht sogar aktiv Einfluss auf die Veränderung dieser Empfindungen haben? Wird sich unsere psychologische und symbolische Wahrnehmung der Farben durch dieses globale und interkulturelle Medium vielleicht an diejenige anderer Kulturen annähern?

Sollte dies der Fall sein, so wird dies sicherlich ein langwieriger und schleichender Prozess werden. Die Zukunft wird es uns lehren – wir werden sehen.

Inhaltsverzeichnis

1 Die physikalischen Grundlagen der Farben

1 Die physikalischen Grundlagen der Farben

Zum besseren Verständnis der Farben allgemein erfolgt hier eine kurze Einführung in die physikalischen Grundlagen des Lichts sowie die relevanten Bereiche der Farbenlehre. Ausführlich wurde dieses Thema von Norbert Treitz[1] dargestellt.

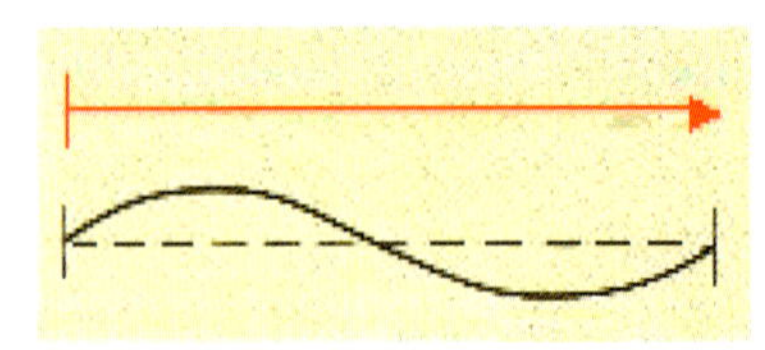

Abb. 1: Wellenlänge

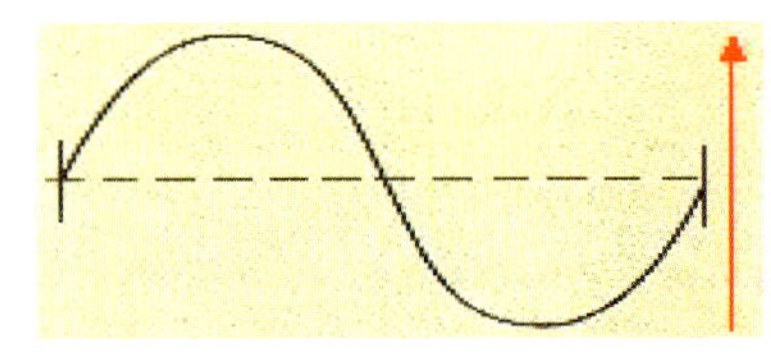

Abb. 2: Schwingungsweite

1.1 Wellenlängen und Schwingungsweiten

In der Physik wird Licht in den Bereich der elektromagnetischen Strahlung eingeordnet.

Die Kenngrößen von elektromagnetischen Wellen sind die Wellenlänge, die Frequenz und die Schwingungsweite, auch Amplitude genannt. Frequenz und Wellenlänge bedingen sich gegenseitig, d.h. bei größerer Wellenlänge ergibt sich zwangsläufig eine niedrigere Frequenz und umgekehrt. Die Lichtstrahlung (= Energie) ist abhängig von der Frequenz (und somit auch von der Wellenlänge) sowie von der Schwingungsweite. Die Farbtonempfindungen werden durch die Wellenlänge bestimmt, die Helligkeit hingegen von der Schwingungsweite.

Es wird unterschieden zwischen sichtbarem und unsichtbarem Licht. Der Bereich des sichtbaren Lichts liegt zwischen 400 und 700 Nanometer (nm) – elektromagnetische Wellen außerhalb dieses Bereichs sind für das menschliche Auge nicht sichtbar.

Außerhalb des sichtbaren Bereichs unterscheidet man das ultraviolette Licht und das Infrarotlicht. Ultraviolett, auch UV-Licht genannt, ist extrem kurzwellig und hat somit im Vergleich zum sichtbaren Licht einen deutlich höheren Energiegehalt. Das Infrarotlicht hingegen ist langwelliger als das sichtbare Licht und somit energieärmer.

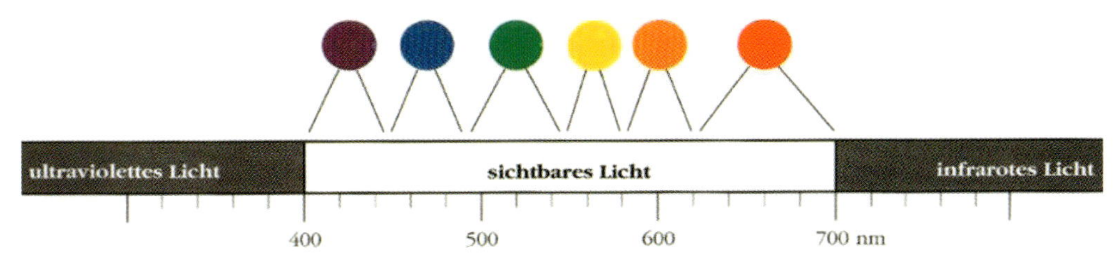

Abb. 3: Sichtbares und unsichtbares Licht

1.2 Dispersion (Streuung)

Licht erscheint weiß, wenn es die Summe aller Wellenlängen enthält. Das beste Beispiel hierfür ist das Sonnenlicht.

Es lässt sich in seine einzelnen Farbtonbereiche zerlegen, wenn man es durch ein Glasprisma leitet. Dabei wird das kurzwellige Licht stärker gebrochen als das langwellige Licht, es entsteht ein Spektrum von Farbtönen, die sich unterschiedlich ausbreiten. Rot und Grün ergeben breite Ausdehnungen und Gelb und Blau schmale. Der jeweilige Farbtoneindruck ist abhängig von der Wellenlänge des Lichts.

Die Farbe Purpurrot stellt eine Ausnahme dar, sie wird durch eine Synthese von kurzwelligem und langwelligem Licht gebildet und hat somit keine eigene Wellenlänge.

Alle anderen Farben, die wir kennen, entstehen durch die zahlreichen Möglichkeiten unterschiedlicher Lichtzusammensetzungen und Helligkeiten.

1.3 Farbtönung und Emissionsspektrum

Beim Erhitzen z. B. eines Stücks Eisen durchläuft das hierbei entstehende Licht nach und nach sämtliche Wellenbereiche und somit Farbtönungen.

Zunächst zeigt das Eisen Rotglut – das versendete Licht ist langwellig. Bei höheren Temperaturen entsteht kurzwelligeres Licht mit einem gelben bis grünen Farbton. Bei weiterer Tempera-

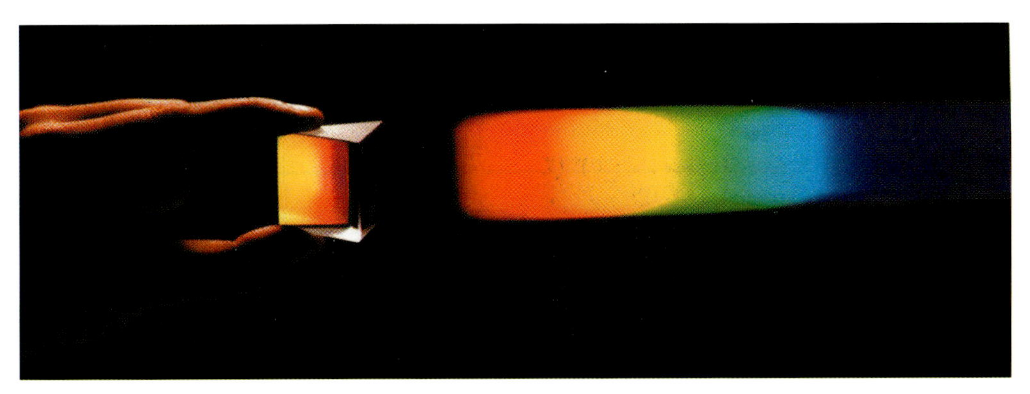
Abb. 4: Die Lichtbrechung in einem Glasprisma

turerhöhung werden auch kurze Wellen ausgestrahlt, die Färbung schlägt um in blau und violett. Durch das Zusammenwirken aller Wellenlängen erscheint das Metall weißglühend.

Aufgrund der unterschiedlichen Spektral-Zusammensetzung verschiedener Lichtquellen und des hiermit verbundenen Einflusses auf das Farbsehen werden bei der Lichtquellenanalyse für die Charakterisierung sog. Emissionsspektren erstellt. Aus diesen kann ersehen werden, welche Wellenlängen zu welchem Anteil vorhanden sind. So hat z. B. das Licht der Leuchtstofflampe einen klaren Blaueinschlag, während das Tageslicht die unterschiedlichen Bereiche recht ausgeglichen beinhaltet.

1.4 Lichtleistung

Für die Messung der Lichtleistung wurden folgende Bezeichnungen und Maßeinheiten festgelegt:

- Lumen (Lm) für Lichtstrom
- Candela (cd) für die Lichtstärke
- Lux (lx) für die Beleuchtungsstärke

Die Lichtstärke (Candela) kann sich je nach Lichtstrom ändern. Man unterscheidet zwischen:

- parallel gerichtetem Licht, hier bleibt die Stärke gleich.

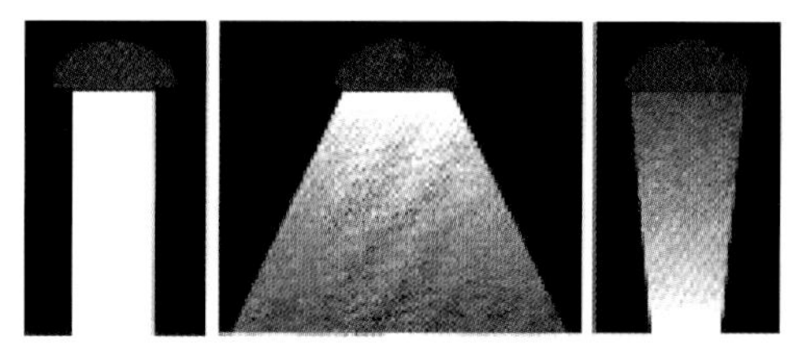

Abb. 5: Gleichbleibende, geringer werdende und zunehmende Lichtstärke

- divergierendem Licht, hier nimmt die Lichtstärke ab.
- konvergierenden Licht, hier nimmt die Lichtstärke zu.

Die Beleuchtungsstärke (Lux) ist abhängig vom Einfallswinkel des Lichts. Bei senkrechtem Lichteinfall ist sie am stärksten.

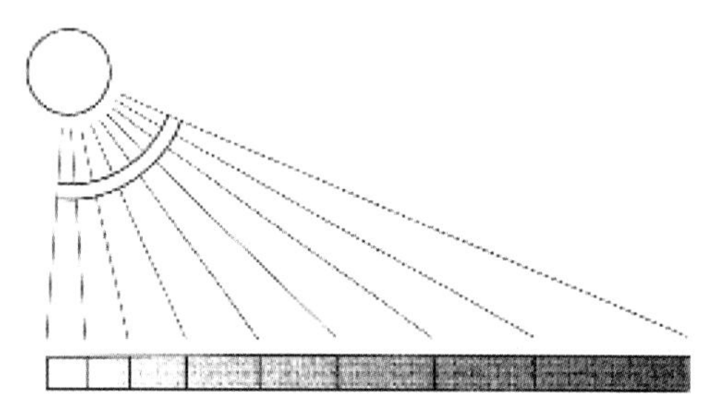

Abb. 6: Der Einfallswinkel des Lichts

- cd / m² = Leuchtdichte

Bei der Leuchtdichte muss außer der Formel auch noch die Entfernung zwischen Lichtquellen und Objekt sowie der Verlauf der Strahlung (z. B. gebündelt oder diffus) berücksichtigt werden. Je nachdem wie dicht ein Leuchtpunkt auf eine Fläche strahlt, kann das Auge geblendet werden oder kaum noch einen Helligkeitsunterschied wahrnehmen. Diese Tatsache kann man eindrucksvoll an einem Selbstversuch nachvollziehen. Wenn man eine Taschenlampe nahe an die Hand hält, erscheint das Licht heller und gebündelter, als wenn sie weiter von der Hand weg gehalten wird.

1.5 Das Sonnenlicht

Das Sonnenlicht ist das wichtigste Licht für den Menschen, da seine biologische Entwicklung immer von der

Sonne begleitet wurde. Alle künstlichen Lichtquellen für die Raumbeleuchtung sollten diesem Standard angepasst werden, damit die Beleuchtung natürlich erscheint. Sonnenlicht wird auch als Normallicht bezeichnet, da alle Wellenlängen nahezu ausgewogen vorhanden sind.

Glühlampen, Tageslicht-Glühlampen, Leuchtstoffröhren, etc. – künstliche Lichtquellen beeinflussen wie auch die Sonne unsere Wahrnehmung der Umgebung. Unsere Stimmung kann durch unterschiedliche Lichtquellen beeinflusst werden, z. B. wirkt Dämmerlicht geheimnisvoll oder zwielichtig; oder bei einer Leuchtstoffröhre könnte eine Farbgestaltung kälter wirken als beabsichtigt.

Die Anordnung der Lichtquelle ist ebenfalls maßgebend für das Sehverhalten, ob indirekt oder auch direkt beleuchtet mit evtl. Blendwirkung und Schatten. Die Wahrnehmung kann dadurch manipuliert werden.

Am Arbeitsplatz ist eine Mischung aus indirekter und direkter Beleuchtung optimal.

1.6 Licht und Objekte

Wenn das Licht auf eine Oberfläche eines Gegenstandes trifft, verändert sich die Zusammensetzung des Lichts, denn nur selten trifft das Licht aus der Lichtquelle unmittelbar als Farbreiz auf das Auge. Es entstehen neue Effekte wie z. B. farbige Abstufungen und Kontraste, die Erscheinungsweise der Farben kann sich ändern oder die Oberfläche kann matt oder glänzend wirken.

Die hierfür verantwortlichen physikalischen Ursachen werden im Nachfolgenden kurz erläutert, wobei zu berücksichtigen ist, dass meist nicht nur einer, sondern eine Kombination mehrerer dieser Effekte wirksam wird.

Wie wichtig die nachfolgenden physikalischen Gesetze für die Farbwahrnehmung sind, zeigen die Farbe und das Metall Gold: Eigentlich liegt Gelb als Farbe zugrunde, aber durch verschiedene Rückwerfungen des Lichtes erscheint das Gold metallisch glänzend. Die Erscheinungsweise der Farbe ändert sich.

Abb. 7: Lichtabsorption und Lichtreflexion

1.6.1 Absorption

Man spricht von Absorption, wenn ein Lichtstrahl auf ein Objekt trifft und von diesem ganz oder teilweise aufgenommen, d.h. nicht reflektiert wird. Bei der Absorption wird das Licht in Wärmeenergie umgewandelt.

Je nachdem, welche Lichtfrequenzen vom Objekt absorbiert bzw. reflektiert werden, erscheint das Objekt in einer anderen Farbe.

Wird das Licht vollständig absorbiert, so erscheint das Objekt schwarz. Enthält der ursprüngliche Lichtstrahl das gesamte Lichtspektrum (= weißes Licht) und wird das gesamte Licht reflektiert, so erscheint das Objekt weiß.

1.6.2 Reflexion

Ein Lichtstrahl wird unmittelbar an der Oberfläche eines Mediums zurückgeworfen (z.B. bei Metall). Man unterscheidet hierbei zwei Arten der Reflexion:

- Gerichtete Reflexion bei polierten Oberflächen. Hierbei entspricht der Einfallswinkel dem Ausfallswinkel, wodurch Glanz und Spiegelung entsteht.
- Diffuse Reflexion bei rauen Oberflächen. Hierbei entspricht im Gegensatz zur gerichteten Reflexion der Einfallswinkel nicht dem Ausfallswinkel, d.h. der Lichtstrahl wird je nach Stelle des Auftreffens steiler oder flacher reflektiert.

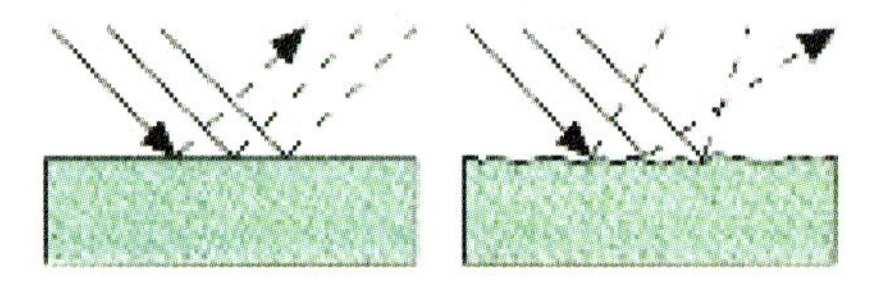

Abb. 8: Reflexion

Meistens wird ein Lichtstrahl nicht ausschließlich gerichtet oder diffus reflektiert. So werden z.B. bei Lackschichten etwa 10% des auftreffenden Lichts gerichtet reflektiert, das übrige Licht dringt in die Schicht ein und wird teilweise absorbiert, der Rest umgelenkt und zurückgeworfen.

1.6.3 Refraktion (Lichtbrechung)

Fällt ein Lichtstrahl aus einem optisch dünneren in einen optisch dickeren Stoff (z.B. von Luft in Wasser), dann wird er an der Grenze der beiden Medien zum Einfallslot hin gebrochen.

Fällt er hingegen aus einem optisch dickeren in einen optisch dünneren Stoff (z.B. von Wasser in Luft), dann wird er an der Grenze vom Einfallslot weg gebrochen.

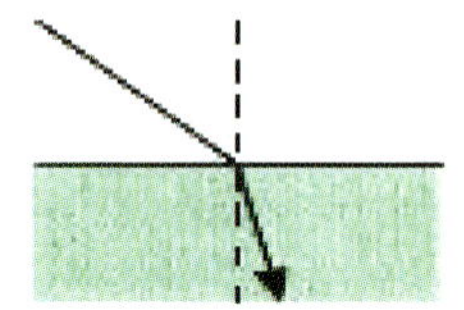
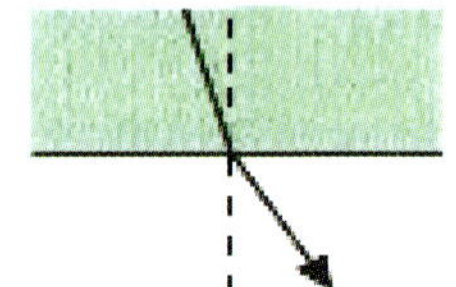

Abb. 9: Refraktion

1.6.4 Transmission (Strahlendurchgang)

Ein durchsichtiger Körper (z.B. Glas) wird von einem Lichtstrahl ungehindert durchdrungen. Wenn er aber einen bestimmten Wellenbereich absorbiert, und somit nicht mehr alle Spektralfarben vorhanden sind, entsteht eine durchsichtige Farbigkeit (z.B. blaues Glas).

1.6.5 Remission

Das Licht dringt in einen Stoff ein und wird im Molekulargefüge diffus zurückgeworfen = remittiert. Teile des Lichts, insbesondere die größeren Wellenlängen, werden hierbei absorbiert. Die Menge des jeweils remittierten Lichts wird als Remissionsgrad bezeichnet.

Da bei der Herstellung von Anstrichstoffen und Farbpigmenten die Remission eine wichtige Größe darstellt, werden sog. Remissionskurven angelegt. Damit kann die remittierte Lichtmenge eines Farbpigments dargestellt werden.

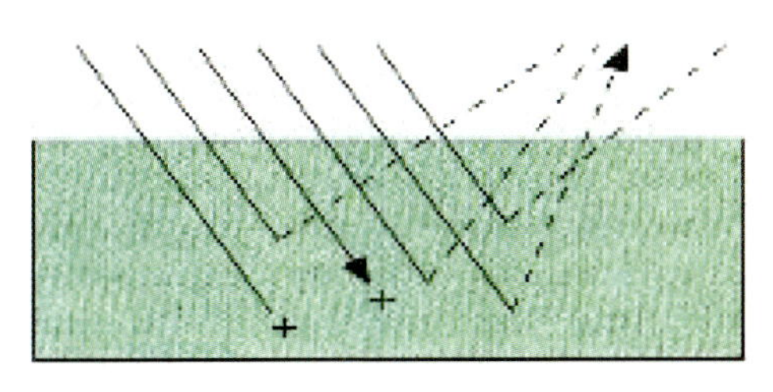

Abb. 10: Remission und Absorption des Lichts

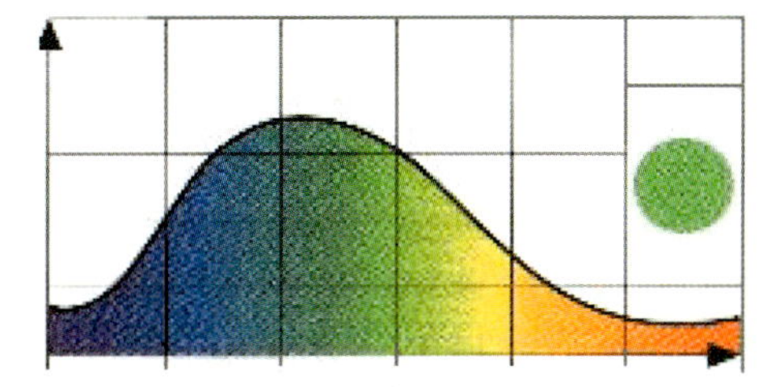

Abb. 11: Remissionskurve eines Grünpigments

2 Die Farben- und Kontrastlehre

2 Die Farben- und Kontrastlehre

Bei der Betrachtung von Farben muss prinzipiell zwischen den sog. Lichtfarben und den Pigmentfarben unterschieden werden.

2.1 Primär-, Sekundär- und Tertiärfarben

Die Primärfarben, auch Grund- oder Urfarben genannt, lassen sich nicht aus anderen Farben mischen, wohingegen sich aus ihnen alle anderen Farben mischen lassen.

Die unten angeführten unterschiedlichen Farbsynthesen gehen von unterschiedlichen Primärfarben aus. So sind Rot, Grün und Blau die Primärfarben für die sog. additive Farbmischung (= Lichtfarben), während die Grundfarben für die subtraktive Farbmischung Cyanblau, Magenta und Gelb sind (= Pigmentfarben).

Die Sekundärfarben setzen sich immer paarweise aus je zwei Primärfarben zusammen und unterscheiden sich somit auch bei den beiden Farbsynthesen. Während die additiven Sekundärfarben Cyanblau, Magenta und Gelb sind, sind es für die subtraktive Farbmischung die Farben Rot, Grün und Blau. Hieraus wird deutlich, dass die Primärfarben der additiven Farbmischung den Sekundärfarben der subtraktiven Farbmischung entsprechen und umgekehrt.

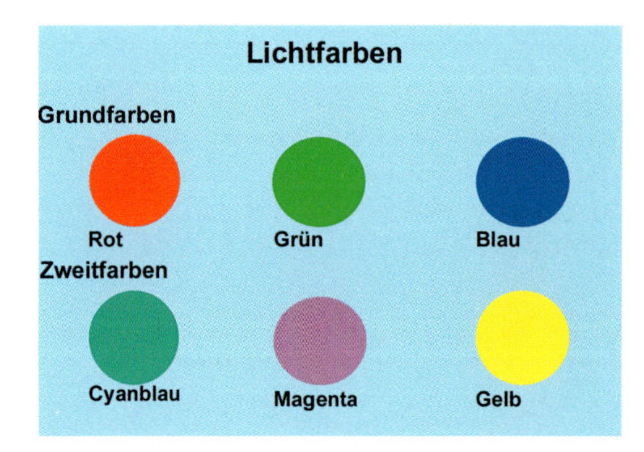

Abb. 12: Primär- und Sekundärfarben der Lichtfarben

Abb. 13: Synthese durch Addition

Die Tertiärfarben, also Drittfarben, entstehen aus der paarweisen Mischung jeweils einer Primär- und Sekundärfarbe.

2.2 Synthese durch Addition: Lichtfarben

Im Grunde ist die Synthese durch Addition von Farbe nur ein anderer Ausdruck von „Licht malt durch Addition von Farbe". Um z.B. Gelb zu erhalten, überlagert man die Lichtfarben Rot und Grün. Die Summe aller Lichtfarben ergibt Weiß.

2.3 Synthese durch Subtraktion: Pigmentfarben

Im Gegensatz zu den oben beschriebenen additiven Farben werden für das Malen deckende Farben benötigt, auch Pigmentfarben genannt. Diese setzen sich durch sog. subtraktive Farbmischung zusammen, oder auch Synthese durch Subtraktion.

Subtraktive Farbmischungen setzen immer einen Lichtrest voraus. Die Primärfarben der Pigmentfarben müssen heller sein als die Primärfarben des Lichts. Sie sind die Sekundärfarben des Lichts und umgekehrt.

Abb. 14: Synthese durch Subtraktion

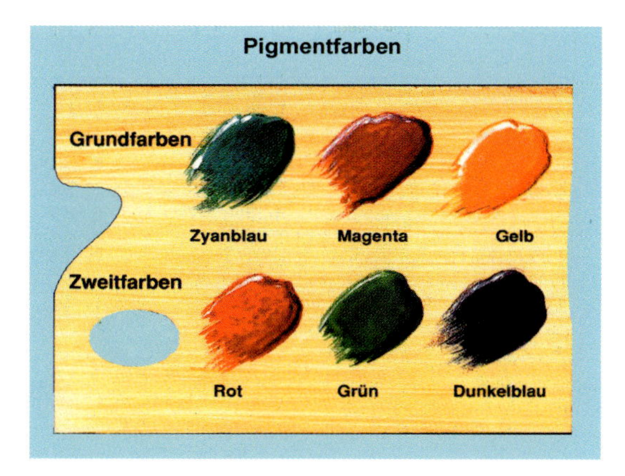

Abb. 15: Primär- und Sekundärfarben der Pigmentfarben

Ein Beispiel: Durch paarweise Mischung der Primärfarben Magenta, Gelb und Cyanblau ergeben sich mit Hilfe der Synthese durch Subtraktion – also aufgrund eines Lichtrestes – die dunkleren Sekundärfarben Rot, Blau und Grün. Die Mischung aller drei Farben ergibt Schwarz.

Um z.B. die Pigment-Sekundärfarbe Grün zu erhalten, mischen Maler Blau und Gelb. Bezogen auf die Lichtfarben absorbiert Cyanblau das Rot, und Gelb absorbiert das Blau. Einzig das Grün wird reflektiert, das aus dem restlichen Blau und Rot entsteht.

2.4 Komplementärfarben

Komplementärfarben werden auch Gegenfarben genannt. Das sind Farben, die im farbtechnischen Sinn die größten Gegensätze haben, weil „die eine Farbe das hat, was die andere nicht hat". Im Farbkreis liegen sie sich immer gegenüber, wobei einer Primärfarbe immer eine Sekundärfarbe gegenüberliegt.

Die Komplementärfarbenpaare für die Pigmentfarben sind Blau – Orange, Rot – Grün und Gelb – Violett.

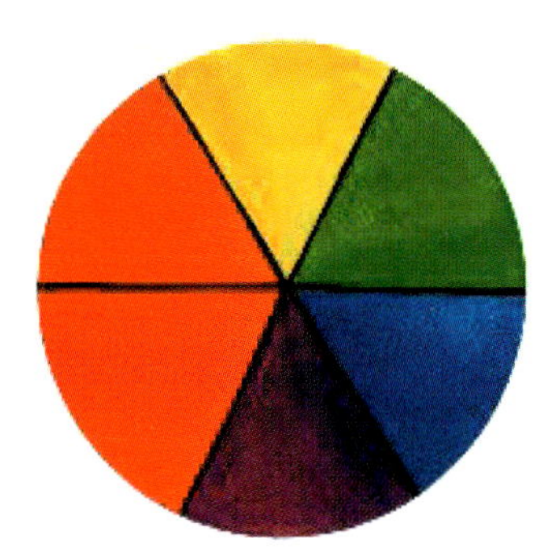

Abb.16: Farbkreis

Wenn man die einzelnen Komplementärfarbenpaare mischt, ergibt das für die Lichtfarben ein Weiß, während es für die Pigmentfarben Schwarz ergibt. Dies liegt daran, dass die jeweilige Sekundärfarbe wieder aus den jeweils zwei übrigen Primärfarben zusammengesetzt ist.

Bei längerem Betrachten eines Farbtones kann es geschehen, dass beim Wegschauen ein Nachbild in der Komplementärfarbe entsteht. Diesen Effekt nennt man Sukzessivkontrast und er lässt sich folgendermaßen erklären: Bei längerer Betrachtung einer Farbe verbrauchen sich die gereizten Rezeptoren in den Sehzellen. Sie fehlen anschließend an den betreffenden Stellen, so dass das Nachbild entsteht.

Abb. 17: Komplementärfarbenpaare

2.5 Farbton

Der Farbton dient der prinzipiellen Gruppierung von Farben. So spricht man z.B. von einem Rotton, wenn eine Farbe zur Familie der roten Farben gehört, d. h. wenn der überwiegende Farbanteil rot ist.

Der Farbton, auch Farbrichtung genannt, ist das auffälligste Kennzeichen einer Farbe. Die reinen Farben nehmen eine Sonderstellung ein. Der Begriff „rein" ist mehrdeutig. Hier sind reine Farben im Sinne der Primärfarben gemeint, d. h. Rot, Grün und Blau für die Lichtfarben und Cyanblau, Magenta und Gelb für die Pigmentfarben.

2.6 Helligkeit

Die Helligkeit ist ein Unterscheidungsmerkmal bei Farben. Besonders bei Schwarz, Weiß und Grau, also bei den unbunten Farben, lassen sich die Helligkeitsabstufungen ganz offensichtlich unterscheiden. Sie sind alle miteinander verwandt, gehören zum gleichen Farbton. Natürlich gibt es Helligkeitsunterschiede auch bei bunten Farben, z.B. vom zarten Hellrosa über Magenta zum tiefsten Dunkelrot.

Die unterschiedlichen Farbtöne haben jeweils eine Eigenhelle, die sie, je nachdem, heller und somit in Richtung Weiß oder dunkler und somit eher in Richtung Schwarz erscheinen lassen. Aufgehellten bzw. abgedunkelten Farben wird immer nur entweder Weiß oder Schwarz zugemischt.

Bei einigen Farbtönen kann es durch Aufhellung bzw. Abdunklung zu einem Farbtonumschlag kommen. So wird z.B. aus Gelb durch starke Abdunklung Oliv (= grünstichig).

Gleiche oder ähnliche Helligkeit lässt Farben verwandt erscheinen. Dies kann besonders bei stark aufgehellten oder abgedunkelten Nuancen, bei denen der Farbton fast verschwindet, beobachtet werden.

2.7 Reinheit und Trübung

Trübung entsteht durch einen Anteil an Grau bei rein bunten Farben. Sie werden dadurch nicht aufgehellt oder abgedunkelt. Die meisten Farben, die wir wahrnehmen, enthalten Grau. Nur selten sehen wir reine, aufgehellte oder abgedunkelte Farben, obwohl die reinen, also gesättigten Farben, laut Ruth Bleckwenn[2], in der Kunst bevorzugt verwendet werden.

Analog zur Farbhelligkeit gilt auch bei der Farbtrübung, dass bei stark getrübten Farben der Eindruck einer Farbverwandtschaft entsteht, da der Farbton hierbei in den Hintergrund tritt.

2.8 Sättigung (Intensität)

Mit der Sättigung können die Farbbeziehungen untereinander besser verstanden werden. Nur rein bunte Farben sind gesättigt. Die Intensität kann durch Aufhellung, Abdunklung oder Trübung abnehmen.

Wenn Farben unterschiedliche Intensität besitzen, kann es so wirken, als ob ihnen eine gegenseitige Beziehung fehlte, auch wenn sie die gleiche Helligkeit besitzen. Das heißt, dass die Sättigung bei Farbkombinationen wichtig ist. Dagegen erscheinen Farben mit gleicher Sättigung verwandt, vor allem, wenn der Anteil des Farbtons gering und die Helligkeitsstufe ähnlich ist.

Bei gleichem Sättigungsgrad lassen sich aufgehellte, abgedunkelte oder getrübte Farben mit gleicher Helligkeit schwer unterscheiden.

2.9 Farbharmonien

2.9.1 Harmonielehre vs. Kreativität

Die Aufmerksamkeit auf einer Webseite kann durch eine unkonventionelle und originelle Farbgestaltung positiv beeinflusst werden. Außergewöhnlich präsentierte Produkte, Inhalte oder Firmenlogos erhöhen die Chancen, im Internet entsprechend beachtet zu werden. Hierzu gehört prinzipiell das „Spiel" mit den unterschiedlichen Metaphern der Farbharmonie.

Zwar können die im Folgenden angeführten „Grundregeln" der Farbharmonien entsprechend eingesetzt werden, generell gilt jedoch:

Da eine Anleitung immer nur eine Zusammenstellung von „Zutaten" und Verfahren zu einem klar definierten und bestimmten Sachverhalt ist, kann mit einem Rezept immer nur etwas bereits Dagewesenes reproduziert werden, nicht jedoch etwas Neues, Kreatives. Anleitung und Kreativität stehen somit im krassen Gegensatz zueinander.

Auf der anderen Seite kann jedoch die Anleitung das „Handwerkszeug" darstellen, welches die nachfolgende Kreativität erst ermöglicht. So kann ein Bildhauer noch so kreativ sein, wenn er aber die Grundregeln und das Grundhandwerk seiner Kunst nicht beherrscht, wird das Ergebnis nie zufriedenstellend sein.

Somit kann die Harmonielehre die Kreativität zwar nicht direkt, aber indirekt beeinflussen.

So definiert die Harmonielehre Regeln, um möglichst wenig Fehler bei der Gestaltung zu machen. Trotzdem kann eine harmonische Farbgebung wirkungslos sein, wenn die farbigen Flächen sich in einer unästhetischen oder langweiligen Gruppierung befinden. Hier könnten die Gestaltungsgesetze Abhilfe schaffen, auf die im Rahmen dieser Arbeit mit Schwerpunkt Farben jedoch nicht weiter eingegangen wird.

Designer und Künstler verbinden Farben mehr oder minder gezielt miteinander, um bestimmte beabsichtigte Empfindungen in unserem Gehirn auszulösen. Sie setzen sie als Stilmittel ein, so dass wir entweder bewusst oder unbewusst darauf reagieren. Das zeigt sich zum Beispiel in der Mode, beim Einrichten des eigenen Heims und natürlich in der Kunst.

2.9.2 Was ist Harmonielehre?

Die Harmonielehre beschäftigt sich mit der Ästhetik der Farbe. Schon bei Goethes Farbenlehre ist sie zu finden. Harald Küppers[3] nennt die harmonische Farbkomposition

> „das visuelle Erscheinungsbild, welches uns ästhetisch berührt".

Er unterscheidet zwischen verschiedenen Merkmalen, die er Qualitätsmerkmale oder ästhetische Unterscheidungsmerkmale nennt. Harald Küppers nennt folgende: die Buntart, die Unbuntart, den Buntgrad bzw. den Unbuntgrad und die Helligkeit.

Nach Küppers entstehen diese Merkmale durch Mengenbeziehungen, die zwischen den Teilmengen vorhanden sind, aus denen sich eine Farbnuance zusammensetzt.

Die Harmonielehre stellt feste Regeln für die Farbgestaltung auf. Obwohl das Ziel dieser Regeln eine als harmonisch empfundene Farbkomposition ist, wird es eine einheitliche, allzeit gültige Norm für die Farbgebung niemals geben können. Auch kann die gezielte Abweichung von den Grundregeln der Harmonie Interesse und Neugierde wecken – ein guter Designer weiß dies einzusetzen. Um jedoch von der (nicht real existenten) Norm abweichen zu können, muss man diese und ihre Auswirkungen allerdings exakt kennen.

Im Umfeld Internet und Web-Gestaltung kommt es auch häufig vor, dass die einzelnen Bestandteile (z. B. Grafiken) bzw. Farbgebungen (z. B. durch die Firmenfarben, Corporate Identity) bereits vorgegeben sind. Aufgrund derartiger Vorgaben kann es notwendig werden, sich nicht auf eine bestimmte Kontrastart zu versteifen, sondern evtl. auf Alternativkontraste auszuweichen.

Auch die Gestaltung mit nur einer Farbe (evtl. in unterschiedlichen Schattierungen) kann sehr gut auf Webseiten wirken. Hier kommt dann weniger die Harmonielehre als vielmehr die psychologische Farbwirkung zum Tragen. Auch bei unbunten Farben, also Schwarz, Weiß und Grau, braucht man sich über Farbharmonien keine Gedanken zu machen, denn hier entscheiden eher Kontrast, räumliche Anordnung, Verteilung der Fläche und Form über die Harmonie.

Generell jedoch muss bei der Farbzusammenstellung die Entscheidung getroffen werden, ob der Schwerpunkt auf der Farbharmonie liegen soll, oder ob eher die Farbsymbolik im Vordergrund stehen soll (siehe Kapitel Farbsymbolik und Farbwirkung).

2.9.3 Grundlegende Harmonieprinzipien

Die Harmonieprinzipien haben einen psychologischen Hintergrund: Das Gehirn versucht zuerst, bereits Gesehenes zu klassifizieren. Es hinterfragt, ob das Dargestellte Unterschiede oder Gemeinsamkeiten aufweist. Wenn diese Aufgabenstellung problemlos gelöst werden kann, dann stellt sich Harmonie ein, andernfalls Disharmonie.

Für die Entstehung der Harmonie existieren folgende zwei Prinzipien:

1. Harmonie durch Ähnlichkeit

Diese entsteht durch Gegenüberstellung ähnlicher Flächen. Die im nachfolgenden dargestellten Kontraste sind nur schwach bis gar nicht vorhanden.

2. Harmonie durch Gegensatz

Diese entsteht durch Gegenüberstellung von Flächen, welche stark kontrastieren – entsprechende Kontraste sind stark vorhanden.

2.9.4 Hell-Dunkel-Kontrast

Der Hell-Dunkel-Kontrast entsteht durch die Gegenüberstellung von hellen und dunklen Flächen. Violett und Gelb haben den stärksten, Rot und Türkis den schwächsten Hell-Dunkel-Kontrast. Mischt man eine Farbe mit Schwarz, so nimmt es ihr die Helligkeit, mit Weiß wird sie verstärkt. D. h. nicht nur die Tonwerte der reinen Grundfarben entscheiden über den Hell-Dunkel-Kontrast, sondern auch die Mischungen mit Schwarz oder Weiß.

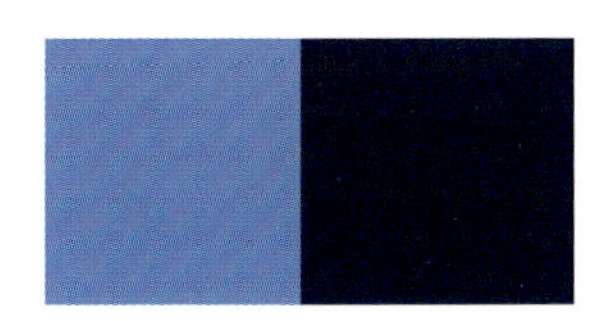

Abb. 18: Bsp. für Hell-Dunkel-Kontrast

Durch den Hell-Dunkel-Kontrast entsteht Ausdruck und Dynamik. Beim Hell-Dunkel-Kontrast kann die gleiche Farbe als sehr helle oder sehr dunkle Nuance verwendet werden.

Brigitte Hallenberger[4] meint hierzu:

> „Die beste Methode, mit der man den Hell-Dunkel-Kontrast einer Webseite beurteilen kann, ist, sie in ein Schwarz-Weiß-Bild umzuwandeln. Mit der Taste „Druck" lässt sich unter MS-Windows ein Screenshot der aktuellen Monitordarstellung in die Zwischenablage kopieren, ... Das Farbformat des Abbildes der Webseite [kann] mit einem Grafikprogramm in Graustufen ... [umgewandelt werden]."

Weiterhin schreibt sie, dass auch eine rein in Pastelltönen gehaltene Webseite ihren Reiz haben kann. Wenn möglich sollte aber der Hell-Dunkel-Kontrast vorhanden sein, sonst könnte die Webseite unlebendig und „platt" wirken.

Des Weiteren schreibt sie:

> „Schwarze, weiße und graue Flächen beeinflussen die Winkelharmonien [siehe Winkelkontrast] nicht. Sie können aber als Partner für einen Hell-Dunkel-Kontrast eingesetzt werden. Wenn beispielsweise eine Webseite mit einer Zweier-Harmonie aus hellem Rosa und hellem Grün, also komplett in Pastelltönen, gehalten ist, so könnte man den fehlenden Hell-Dunkel-Kontrast mit Schwarz herstellen."

2.9.5 Der Qualitätskontrast

Die Farbqualität meint die Intensität einer Farbe zwischen Reinheit und Trübung. So kann z. B. durch Vergrauen negative Stimmung gewollt sein, so wie

Abb. 19: Bsp. für Qualitätskontrast

reine und warme Farben positiv eingesetzt werden können.

Der Qualitätskontrast wird auch Bunt-Unbunt-Kontrast genannt. Er entsteht durch Gegenüberstellung von bunten und unbunten Flächen, die verschiedene Strahlungskraft besitzen. Leuchtende, kräftige Farben haben eine große Strahlkraft, gedämpfte, schwache und graue Farben hingegen haben eine geringe Strahlkraft. Wenn einer Farbe grau beigemischt wird, verliert sie ihre Strahlkraft. Bei der Gestaltung von Webseiten können Schwarz oder Weiß die Rolle der unbunten Farbe übernehmen, wenn bereits eine Harmonie aus zwei Farben vorhanden ist.

Um festzustellen, was nun bunt oder unbunt ist, lässt man am besten sein Gefühl urteilen. Roman Liedl[5] schreibt hierzu:

> „Man kann für die Strahlkraft einer Farbe schwer eine Formel angeben. Zuviel persönliches Empfinden (welches für ein und dieselbe Person auch nicht immer gleich ist) spielt dabei eine Rolle."

2.9.6 Winkelkontrast

Unter Winkelkontrast versteht man den „Winkelabstand" zweier Farben am Farbkreis in Grad. So haben z.B. Gelb und Türkis einen Winkelkontrast von 90°. Wenn zwei Farben zueinander komplementär sind, dann ist der Winkelkontrast am größten, da die Farben einen Winkel von 180 Grad umfassen. Hier spricht man auch vom sog. Komplementärkontrast.

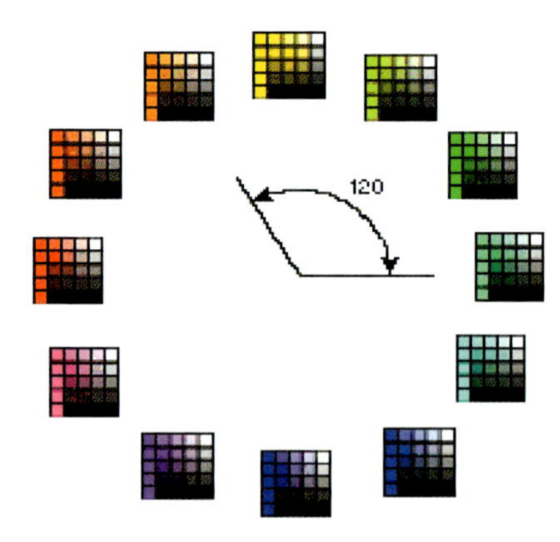

Abb. 20: Winkelkontrast

Die komplementären Farben liegen sich im Farbkreis direkt gegenüber.

Die Farben Schwarz, Weiß und Grau dürfen wir beim Gestalten von Webseiten grundsätzlich beliebig einstreuen, ohne dass sich dadurch der eigentliche Winkelkontrast verändert – die Winkelharmonie der Farben wird nicht beeinflusst.

Bei der Gestaltung von Webseiten ist auch darauf zu achten, dass beim Hinzufügen weiterer Farben in der Winkelharmonie auch deren symbolische Bedeutung mitwirkt. Um hier eine evtl. nicht gewollte Assoziation zu verringern, könnte man sie möglichst kleinflächig und abgegrenzt in einer anderen Komponente der Webseite einsetzen, die eine isolierte Wirkung hat und dadurch als ein „geschlossenes Ganzes" die Wirkung und Relevanz der Farbe abmildert (siehe Quantitätskontrast).

Wir können unterschiedliche Winkelharmonien herstellen: Zweier-Harmonien und Dreier-Harmonien wirken laut Brigitte Hallenberger[6] am besten auf Webseiten. Sie erklärt, wie man eine Winkelharmonie leicht selbst herstellen kann:

„ … der Farbkreis [wird] zunächst halbiert gedacht; in der Mitte der einen Hälfte befindet sich unsere gegebene Farbe und gegenüberliegend, in der Mitte der anderen Hälfte, befindet sich die Komplementärfarbe. Wenn nur zwei Farben eingesetzt werden sollen, hat man in der bereits das gesuchte Ergebnis. Bei mehr als zwei Farben muss die Komplementärfarbe symmetrisch, nach rechts und links, aufgesplittet werden, so dass zwei neue Farben entstehen, die jeweils den gleichen Winkelabstand der ursprünglichen Komplementärfarbe haben."

Ab einer Vierer-Harmonie muss man darauf achten, dass die Webseite nicht zu bunt wirkt, wenn man die Winkel zu weit öffnet. In der Kunstmalerei werden Fünfer-Harmonien und mehr eingesetzt. Wenn eine Farbe sehr großflächig eingesetzt wird und die anderen kleinflächig, dann können auch Fünfer-Harmonien auf Webseiten eingesetzt werden, wobei dies nach dem Motto „Weniger ist mehr" eher selten der Fall ist. Wenn aber dennoch eine Vierer-Harmonie oder eine noch höhere eingesetzt werden soll, dann ist darauf zu achten, die Webseite in separate Bereiche aufzuteilen (z. B. Logo, Trennlinie, Buttons, Frames, Textfelder, Fotos, Grafiken) und jeden Teilbereich in sich harmonisch zu gestalten.

Es gibt aber auch Farbzusammenstellungen, die wir als harmonisch empfinden, obwohl sie keine Winkelharmonie beinhalten. Das könnte auch daran liegen, dass eine Farbkombination, wenn man oft mit ihr konfrontiert wird, zur Gewohnheit wird.

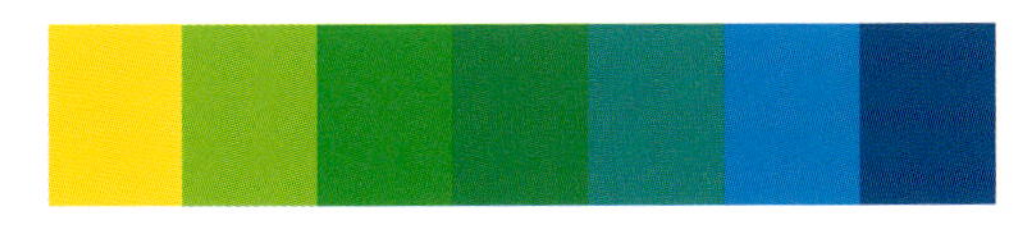

Abb. 21: Auffächerung

2.9.7 Farbreihen und Auffächerungen

Unter Auffächerung versteht man eine Art Farbverlauf. So kann z. B. bei einer Zweier-Harmonie die Komplementärfarbe aufgefächert und dadurch deren Sekundärfarben hinzugefügt werden.

Eine Farbreihe sind aneinandergereihte Flächen, deren Farbe sich systematisch stufenweise ändert. Hiermit kann auch Farbharmonie geschaffen werden. Wenn sich Helligkeit und Buntheit ebenfalls stufenweise ändern, wirkt das besonders gut. Zu einer Farbreihe kann auch eine Winkelharmonie passen und sogar zusätzlich ein Hell-Dunkel- und Bunt-Unbunt-Kontrast.

2.9.8 Quantitätskontrast

Der Quantitäts- oder auch Mengenkontrast entsteht durch Gegenüberstellung von großen und kleinen Flächen in beliebigen Farben. Die kleine Fläche sollte nicht mehr als 20 % der großen Fläche einnehmen, nach unten hin gibt es keine Grenze. 1 % und weniger sind hierbei zwar möglich, allerdings sollte die Farbe noch klar erkennbar sein.

Abb. 22: Bsp. für Quantitätskontrast

Die Wirkung einer Farbe hängt neben dem Mengenverhältnis der Farben zueinander auch von ihrer Leuchtkraft ab. So kann neben einer großflächig eingesetzten Farbe auch eine zweite, flächenmäßig geringe, jedoch kräftig leuchtende Farbe als gleichwertiger Gegenpol wirken (z. B. leuchtender Stern).

Aus diesem Grund sollte man darauf achten, dass große Flächen nicht mit leuchtenden Farben gefüllt werden, da dies unser Auge irritiert und somit als unangenehm wahrgenommen wird. Große Flächen sollten am Besten in Weiß (erhellend), Schwarz (verdunkelt) oder Grau (unbunt) gehalten werden.

Auf kleineren Flächen kann hingegen die strahlende, kräftigere und buntere Farbe eingesetzt werden. Würde hierbei eine weniger leuchtende Farbe verwendet werden, würde diese von der größeren Fläche völlig überstrahlt werden.

2.9.9 Warm-Kalt-Kontrast

Der Warm-Kalt-Kontrast entsteht, indem einer Farbe eine wärmere bzw. eine kältere Farbe gegenübergestellt wird. Hierbei nehmen wir alle Modulationen des Gelb-Rot-Bereichs als warme Farben wahr (Gelb, Orange, Rot, Braun...), während wir Farben wie Blau, Weiß, Grau und Silber eher als kalte Farben empfinden. Mehr zu diesem Thema kann im Kapitel „Farbsymbolik und Farbwirkung" nachgelesen werden.

Roman Liedl[7] schreibt, die kühlste Farbe liege zwischen Cyan und Türkis, die wärmste zwischen Orange und Rot. Der Warm-Kalt-Kontrast spricht prinzipiell Gefühle und Empfindungen an. So wirkt z. B. ein mit einem roten Dach abgebildetes Haus wärmer als der im Regelfall bläulich dargestellte Himmel.

Abb. 23: Farbspektrum Warm und Kalt

Die Zweier-Harmonie stellt immer auch einen Warm-Kalt-Kontrast dar, wobei laut Brigitte Hallenberger[8] die Farbverläufe Gelb-Lind und Violett-Lila eine Ausnahme bilden. Sie begründet dies damit, dass sich diese Kombinationen genau im Grenzbereich zwischen den kalten und warmen Farben befinden.

2.9.10 Simultankontrast

Die Farbe wird prinzipiell von ihrem Untergrund beeinflusst, d. h. ein und dieselbe Farbe wirkt auf unterschiedlichem Hintergrund verschieden. Ein starker Simultankontrast entsteht immer dann, wenn man zu einer Farbe diejenige Nuance hinzufügt, die neben der Komplementärfarbe liegt.

Abb. 24: Bsp. für Simultankontrast

2.10 Farbe und Formwirkung

Johannes Itten, Wassily Kandinsky und Oskar Schlemmer unterrichteten allesamt am Bauhaus (1919–1933), der für das 20. Jh. stilbildenden Kunsthochschule. Als diese Künstler anfingen, nicht mehr gegenstandsbezogen und abbildend zu malen, sondern vielmehr das Abstrakte in der Kunst erkannten, beschäftigten sie sich laut Eva Heller[9] stark mit Form und Farbe und mit der Frage, welche Farbe zu welcher Form gehören könnte.

Die Vorstellung von Farbe war damals noch stark von der mittelalterlichen

Farbsymbolik geprägt. Nach der alten Farbsymbolik waren die drei Primärfarben mit folgenden Formen belegt:

- Die Farbe Blau und der Kreis: Die runde Himmelskuppel ist blau.

- Das Rot und und das Quadrat: Ein Quadrat sei kein natürliche Form, sondern von Menschenhand geschaffen, das aktive Rot war die christliche Farbe der Materie, der Realität.

- Gelb und das Dreieck: Das Auge Gottes

Aber die Künstler dieser Zeit wollten ihre Kunst nicht auf religiöser Symbolik aufbauen, man wollte eher eine Theorie, die nur die Form und die Farbe berücksichtigte.

Wie auch durch Untersuchungen von Eva Heller[10] bestätigt wurde, entspricht die nachfolgend aufgeführte neue Symbolik prinzipiell der menschlichen Psyche. Aber man fand auch heraus, dass die Farbzuordnung immer bestimmt ist durch die erlernte Symbolik oder durch entsprechende Erfahrung. Da heute kaum noch jemand die ursprüngliche christliche Farbsymbolik kennt, wurde das Ergebnis der Umfrage davon jedoch nicht beeinflusst.

Aber zwischen Johannes Itten, Wassily Kandinsky und Oskar Schlemmer kam es zu Diskussionen, in wieweit ihre eigene Analyse der Allgemeinheit entspräche. Zu beachten ist, dass die drei Künstler die alte Symbolik noch kannten. Oskar Schlemmer empfand die neue Symbolik als richtig. Für Itten und Kandinsky war das Quadrat immer noch Rot und der Kreis Blau, nur über das Dreieck in Gelb gab es keine Diskussionen, da war man sich einig.

Die neue Farbsymbolik:

- Die Farben Blau, Schwarz, Grau drücken Schwere und Immobilität aus, sowie die Form des Quadrats.

- Rot und der Kreis stehen für Dynamik.

- Die Farbe Gelb und die Form des Dreiecks stehen für die Erleuchtung.

- Violett ist eine Mischfarbe, das Oval ist eine Mischform zwischen Kreis und Rechteck.

Abb. 25: Johannes Itten

Abb. 26: Oskar Schlemmer

Abb. 27: Wassily Kandinsky

3 Die psychologische Wahrnehmung

3 Die psychologische Wahrnehmung

Komplexes Sehen wird als Wahrnehmung bezeichnet. Die Wahrnehmung besteht aus Erfahrungen und Einzelempfindungen. Wenn wir uns umschauen, sehen wir viele Farben gleichzeitig. Dadurch können wir vergleichen, Schatten sowie räumliche Tiefen registrieren und wir erkennen den Glanz von Metall oder den Reifegrad einer Frucht.

3.1 Klassifizierung durch Gegensätze

Eine der Hauptaufgaben unseres Gehirns ist es, die Umwelt zu klassifizieren. Hier entsteht auch häufig ein Entscheidungsprozess. So sortiert das Gehirn nach Kontrast und Gegensätzen, wobei es im ersten Moment nicht besonders genau ist. Den visuellen Sinneseindruck unterteilt es z. B. in links und rechts, hell und dunkel, klein und groß, dick und dünn. Hierbei wird zwischen den beiden Extremen abgewägt, und für jedes Gefühl erkennen wir ein Gegengefühl.

Unser Denken ist ein Denken in Gegensätzen. Das Gehirn sucht zuerst einmal die Pole. Anschließend ist es in der Lage, zwischen diesen Polen Verbindungslinien zu ziehen, um dann in einer Gradeinteilung dieser Linien Schattierungen bewusst wahrzunehmen. Nur durch das Vergleichen von Gegensätzen und Kontrasten kommt es zu effizienten und brauchbaren Ergebnissen, wodurch ein Abwägen, Beurteilen und Unterscheiden möglich wird. Der Mensch braucht, um eine Entscheidung oder Auswahl zu treffen, immer einen zweiten Blickwinkel oder Standpunkt. Das führt so weit, dass dieses Prinzip sogar anwendet wird, wo keine Gegensätze vorhanden sind.

Das Gehirn schafft sich so einen Überblick. Wenn wir erkennen, dass keine Gegensätze vorhanden sind, fällen wir unsere Entscheidung kontextabhängig.

3.2 Harmonie und Disharmonie

Das Gefühl von Disharmonie entsteht, wenn die Klassifizierungsaufgabe für das Gehirn zu schwierig wird, d. h. wenn es sowohl auf Merkmale von Gleichheit als auch von Ungleichheit stößt. Hier entstehen Widersprüche und Durcheinander, das Gehirn kann keinen Überblick finden.

Harmonie ist der Gegensatz zur Disharmonie. Das Gehirn kann die ihm gestellte Aufgabe der Klassifizierung leicht lösen, es herrscht Ordnung.

Diese Regeln gelten für Farben, Formen und Flächen. Sie werden in der Harmonielehre genutzt. So ist z. B. der Harmoniekontrast eine Gegenüberstellung von Gegensätzen.

Harmonie ist auch vom Betrachter abhängig, da jeder seine persönlichen Erfahrungen und Assoziationen mit in die Analyse einbringt. Somit gibt es keine festen Harmonieregeln, sondern eher Empfehlungen mit genügend Toleranzspielraum.

Wenn wir Ordnung also harmonisch empfinden, so ist es naheliegend, dass wir die absolute Ordnung als vollends harmonisch empfinden. Dies trifft jedoch nicht zu. Vielmehr wird absolute Ordnung eher als Monotonie und Langeweile empfunden.

In der Wissenschaft wurde bis heute noch nicht herausgefunden, wie die Arbeitsweise von Auge und Gehirn bei der Aufgabe der Klassifizierung funktioniert. Somit können Forscher die physiologischen Vorgänge nicht im Detail erklären. Brigitte Hallenberger[11] meint, dass wir somit auf philosophische Spekulationen zurückgreifen und uns mit der Wahrscheinlichkeit begnügen müssen.

3.3 Spannung

Spannung ist dann gegeben, wenn Ordnung so weit aufgelöst wird, dass sie in Unordnung zu zerbrechen droht. Spannung ist auch gegeben, wenn die Unordnung so weit aufgelöst wird, dass wiederum Ordnung erwartet wird.

Deshalb ist Spannung eine Frage des rechten Maßes. Bei einer Unordnung ist die Disharmonie so stark, dass keine Möglichkeit zu einer Auflösung für das Gehirn gesehen werden kann, deshalb entfällt bei der Disharmonie die Spannung.

Abb. 28: Bsp. für Spannung. Ein Mosaikboden

3.4 Hässlich oder schön?

Die Kategorisierung in „hässlich" und „schön" wird laut der Psychologie vom sog. Kindchenschema beeinflusst. So finden wir z. B. ein Kaninchen schön – es hat große Augen und im Verhältnis zum Körper einen großen runden Kopf. Hier wird das Kaninchen mit einem kleinen Kind assoziiert.

Die Entscheidung, was als schön, hässlich oder unästhetisch wahrgenommen wird, erfolgt über Instinkte und Triebe. Diese wurden durch die Evolution geprägt, werden aber bis in die heutige Zeit durch die Gesellschaft weiter beeinflusst.

Brigitte Hallenberger[12] zitiert den großen Menschenkenner und Philosophen Friedrich Nietzsche folgendermaßen:

> „Der ästhetische Zustand ist eine Mischung der zarten Nuancen von animalischen Wohlgefühlen und Begierden."

3.5 Aktivierungspotential

Unter Aktivierungspotential versteht man die Fähigkeit, eine Steigerung der Aufmerksamkeit des Betrachters zu erreichen. So sollen emotionale, gedankliche und physische Reize angesprochen werden.

Bezogen auf die Webseitengestaltung kann gesagt werden, dass Webseiten nicht nur harmonisch sein sollten, sondern sich auch gezielt der unten aufgeführten Reizpotentiale bedienen sollten. Dies kann durch das Einarbeiten von Fotos, grafisch bearbeiteten Darstellungen, Grafiken, Überschriften und Texten erreicht werden.

3.5.1 Emotionale Reize

Abb. 29: Bsp. für emotionale Reize

Emotionale Reize sprechen Gefühle von Menschen an. Sie lösen spontan hohe Aufmerksamkeit aus. Emotionale Reize nutzen sich laut Brigitte Hallenberger[13] kaum ab. In wieweit die einzelnen Reize wirken, hängt von der Zielgruppe ab. Beispiele für emotionale Reizkategorien sind Babys, Erfolg, Erotik, Geborgenheit, Genuss, Gesundheit, Glück, Kleinkinder, Liebe, Neugier, Prestige, Sicherheit, (junge) Tiere, Unabhängigkeit, Vertrautheit und Zuneigung.

Alle diese Reize werden mit Glück und Zufriedenheit assoziiert, sie werden als schön empfunden. Die Darstellung des Glücklichen wirkt werbewirksam, ebenso wie das Negative – beides aktiviert die Menschen. Bei einer breiten Öffentlichkeit als Zielgruppe ist es besser, positive Assoziationen zu erwecken.

3.5.2 Gedankliche Reize

Gedankliche Reize sind solche, die unsere Wahrnehmung und unser Verständnis fordern. Sie provozieren Widersprüche, regen zum Nachdenken an oder bringen Verwunderung hervor. Gedankliche Reize aktivieren den menschlichen Geist nicht so stark wie

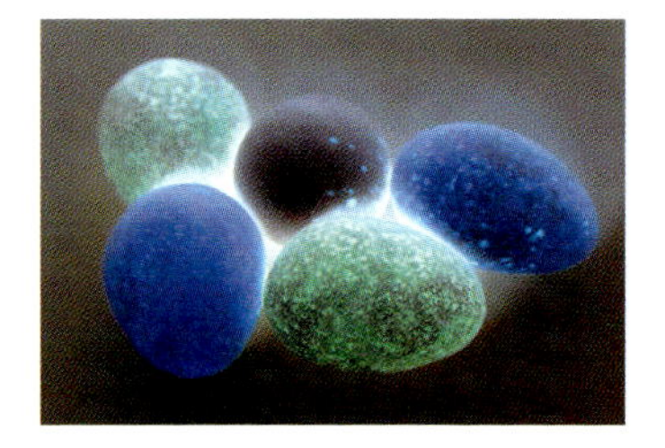

Abb. 30: Bsp. für gedankliche Reize. Bakterium unter Mikroskopansicht

emotionale Reize, im Gegensatz hierzu nutzen sie sich relativ schnell ab. Gedankliche Reizkategorien sind z. B. Überraschung, Neuartigkeit, gedanklicher Konflikt, Komplexität, Verfremdung, Widersprüche zu Bekanntem, Ungewöhnlichkeit und Provokationen.

3.5.3 Physikalische Reize

Physikalische Reize sind unübersehbar, wodurch sie sich unsere Aufmerksamkeit sichern.

Abb. 31: Bsp. für physikalische Reize

Physikalische Reize werden bei der Webseitengestaltung unterstützend eingesetzt, um Aufmerksamkeit zu erreichen. Auch bei der Plakatwerbung werden sie häufig eingesetzt, um den flüchtigen Leser zu erreichen. Reizkategorien sind z. B. Buntheit, Größe, Farbe, Kontrast, Klarheit und Prägnanz.

3.6 Emotionale Wirkung

Die emotionale Wirkung von Farben geschieht eher unbewusst. Hierbei findet eine emotionale Bewertung der farbigen Umgebung statt, sozusagen ein ästhetisches Urteil.

Die Bedeutung oder Funktion des Gesehenen ist die Grundlage für den Betrachter. Es ist immer ein Vergleichen von Erwartungen und der Wirklichkeit und unmittelbar verknüpft mit dem Wesen der Harmonie.

Assoziationen entstehen, wenn die gesehenen Farben mit den vorhandenen Erinnerungen und Erfahrungen übereinstimmen – es werden entsprechende Stimmungen erzeugt.

Unterbewusst wird eine visuelle Bewertung nach Qualitäten (z. B. Helligkeit, Farbton, Trübung) und eine synästhetische Bewertung (z. B. warme oder kalte Farbe) durchgeführt.

Farben sprechen also unsere Gefühle an, werden aber von jedem Menschen individuell empfunden. Die psychologische Wirkung von Farben ändert sich auch im Laufe eines Lebens. Laut Ruth Bleckwenn[14] wurde durch viele wissenschaftliche Untersuchungen festgestellt, dass Farben prinzipiell mit Vorstellungen verbunden werden.

Da Farben also unsere Psyche beeinflussen können, kann dies beim Gestalten jeglicher Art von Medien genutzt werden, wie z. B. Produkte, Kleidung, Webseiten, Räume, Dekoration, Werbung usw.

3.6.1 Synästhesie

Von Synästhesie spricht man, wenn ein Reiz, der auf ein Sinnesorgan einwirkt, Empfindungen auslöst, die dann von einem anderen Sinnesorgan wahrgenommen werden. So können z. B. Farbreize unser Wärmeempfinden oder sogar unser Gewichtsempfinden beeinflussen – dunkle Farben lassen Gegenstände schwerer erscheinen als helle.

Auch umgekehrt verbinden wir mit Sinneswahrnehmungen entsprechende Farben. Laut Ruth Bleckwenn[15] haben unterschiedliche Tests folgende Assoziationen zwischen Sinneswahrnehmungen und Farben ergeben:

Geschmack		
Süß	Rot	Rosa, Lila
Sauer	Gelb	Gelbgrün
Salzig	Grünblau	Grau
Bitter	Violett	Braun

Geruch		
Frisch	Grün	
Blumig	Hellrosa	Rosa
Schwül	Rotviolett	Violett
Modrig	Braun	

Gehör	
Laut	Rot
Leise	aufgehellte Farben
Hoch (schrill)	Gelb
Tief (dunkel)	Violett

Abb. 32: Sinneswahrnehmungen und Farben

3.7 Psychologische Konträrfarben

Die Wirkung von Farben auf Gefühl und Verstand entspricht nicht den farbtechnischen Verhältnissen. So wird Rot und Blau eher als starker Gegensatz empfunden, die Komplementärfarben Rot und Grün dafür eher geringer. Kombiniert man in der Grafikgestaltung die psychologischen Konträrfarben miteinander, so kann durch diesen widersprüchlichen Effekt zusätzliche Aufmerksamkeit erreicht werden. Nachfolgend eine Zusammenstellung der psychologischen Konträrfarben[16].

Psychologische Konträrfarben	**Symbolischer Kontrast**
Rot und Blau	Aktiv und passiv Heiß und kalt Laut und leise Körperlich und geistig Männlich und weiblich
Rot und Weiß	Kräftig und schwach Fülle und Leere Leidenschaft und gefühllos
Blau und Braun	Geistig und irdisch Edel und unedel ideal und real
Gelb und Grau	Strahlend und trüb
Orange und Grau	Auffällig und heimlich
Orange und Weiß	Bunt und farblos Aufdringlich und bescheiden
Grün und Violett	Natürlich und unnatürlich Realistisch und magisch
Weiß und Braun	Sauber und schmutzig Edel und unedel Klar und dumpf Klug und dumm
Schwarz und Rosa	Stark und schwach Grob und zart Hart und weich Unempfindlich und sensibel Exakt und diffus Groß und klein Männlich und weiblich
Silber und Gelb	Kühl und warm Dezent und aufdringlich Metallisch und immateriell
Gold und Grau Gold und Braun	Rein und unrein Teuer und billig Edel und alltäglich

Abb. 33: Psychologische Konträrfarben

4 Farbsymbolik und Farbwirkung

4 Farbsymbolik und Farbwirkung

4.1 Kleiner Exkurs in die Webseitengestaltung

Oberstes Gebot bei der Erstellung einer Webseite ist die übersichtliche und zweckorientierte Darstellung des Inhalts. Der Zweck einer Webseite ist es, Informationen an den Betrachter zu übermitteln. Findet er sich nicht zurecht, so verliert er das Interesse und verlässt die Seite. Der erste Eindruck entscheidet also über das weitere Interesse des Betrachters.

Der nächste Schritt ist die Betrachtung und Analyse der Zielgruppe. Es ist zu überlegen, welche Vorlieben die Zielgruppe hat und welche Motivationsgründe vorliegen, diese Webseite zu besuchen. So kann man z. B. einen Teil der Webseite zur Motivation der Betrachter mit zielgruppenspezifischen Informationen versehen.

Weiter ist zu prüfen, wie die Farbwahrnehmung der Zielgruppe geprägt ist und was mit der Farbgebung vermittelt bzw. bewirkt werden soll.

Weckt man mit der Webseite entsprechende Bedürfnisse, so können diese den Betrachter so weit motivieren, dass er eine Handlung ausführt, wie z. B. das Verschicken einer E-Mail zur Kontaktaufnahme oder die Bestellung eines Produktes.

Neben der korrekten Farbwahl unter Berücksichtigung der unterschiedlichen Farbwirkungen sind folgende Gestaltungsfragen für den Aufbau einer erfolgreichen Webseite zu berücksichtigen:

- Beachten menschlicher Verhaltensweisen z. B. gegenüber bestimmten Objekten, multimedialen Systemen usw.
- Wie liest der Betrachter am Bildschirm?
- Wie orientiert bzw. navigiert der Betrachter auf der Webseite?
- Wie werden Informationen und Texte richtig aufbereitet?
- Wie wird die Interaktion gesteuert?
- Wie motiviert man sein Gegenüber?

Eine Liste weiterführender Literatur ist im Literaturverzeichnis zu finden.

4.2 Ausdrucksgehalt der Farben

Farben wecken Vorstellungen. Sie beeinflussen Stimmungen und sagen etwas über den Charakter des betrachteten Gegenstands aus. Der Ausdrucksgehalt der Farben im Auge des Betrachters bleibt jedoch stets subjektiv und individuell verschieden.

Dennoch ist die Farbempfindung stark vom jeweiligen Kulturkreis abhängig. Dies liegt an den überlieferten Symbolbedeutungen der Farben und den damit verbundenen Assoziationen der jeweiligen Kultur. Farben werden seit Jahrhunderten benutzt, um Werte und Ideen mitzuteilen. Sicher ist auch, dass sich der Farbgeschmack verändert, wie aus den einzelnen Mode- und Kulturepochen ersichtlich ist.

Durch die unterschiedlichen Betrachtungsweisen der optischen und psychologischen Wahrnehmungen, der physiologischen Wirkung der Farben und der Synästhesien kann der Ausdrucksgehalt der Farben wissenschaftlich gedeutet werden.

Eva Heller[17] zitiert den Künstler, Kunstprofessor und Farbtheoretiker Johann Itten[18] zum Thema Farbempfinden:

> „... das Farbempfinden und Farberleben durchaus objektiv verstanden werden können, obwohl jeder Mensch die Farben auf ganz persönliche Art sieht, fühlt und beurteilt."

Trotz der individuellen Gefühle gibt es ein allgemeines Verstehen von Farben, was anhand von Ittens Bildern der Jahreszeiten ermittelt werden konnte.

So liegt es nahe, den Ausdrucksgehalt der Farben in Werbung und Dekoration im Innenraum sowie bei Kleidung und Kosmetik zu nutzen, um Stimmungen zu beeinflussen. Besonders das Marketing und die Werbung wenden die Farbsymbolik an, um bestimmte Vorstellungen beim Anblick eines Produktes im Betrachter zu wecken. Sie suggerieren unterschwellig eine Botschaft, können Aussagen unterstützen oder verfälschen. Farben sind nie neutral, sie sind immer emotional und mit Werten belegt.

4.3 Die Farben und ihre Wirkung

Im Lauf der Zeit haben sich durch die naturgegebenen Lebensumstände, aber auch durch selbst bestimmte Lebensweisen und die geschichtliche Entwicklungen unterschiedliche Farbwirkungen in den jeweiligen Kulturkreisen entwickelt. Oft sind die durch Farben hervorgerufenen Gefühle im jeweiligen Kulturkreis als Redewendungen formuliert.

Auch bestimmt der Kontext die Farbwirkung beim Betrachter, d. h. es ist wichtig, wo und in welchem Zusammenhang die Farbe wahrgenommen wird. So kann die Wirkung einer Farbe z. B. im Zusammenhang mit der Natur eine gänzlich andere sein als z. B. in einer multimedialen Umgebung, im Kontext von Nahrungsmitteln oder der Kunst. Die gleiche Farbe bewirkt also in unterschiedlichen Umgebungen unterschiedliche Assoziationen. Daher kann eine einzige Farbe viele unterschiedliche, manchmal sogar widersprüchliche Wirkungen erzielen.

Ein Beispiel: Rot wirkt unangenehm, wenn an Blut, an Verletzungen, an eine Operation gedacht wird. Hingegen wird Rot in Verbindung mit einem Sonnenuntergang oder der Glut im Lagerfeuer als eher angenehm bewertet.

Farben sind schon immer wichtig für Menschen gewesen, früher sogar mehr als heute, da heute eine Reizüberflutung stattfindet. Farben wurden früher bewusster wahrgenommen, da diese etwas Besonderes und Außergewöhnliches waren.

Welche Farbe die beliebteste ist oder als höchste in der Farbhierarchie angesehen wird, hängt laut Eva Heller[19] auch von der Hautfarbe der Menschen in der betreffenden Kultur ab. Bei den Asiaten ist Gelb die höchste Farbe, in Afrika wird Schwarz sehr geschätzt und in Europa ist Weiß eine bestimmende Farbe. Die eigene Hautfarbe wird im Regelfall als die schönste wahrgenommen.

In den unterschiedlichen Kulturen haben sich oft berühmte Personen der Geschichte mit Farben beschäftigt und die unterschiedlichen Farbauffassungen für die Nachwelt dokumentiert.

4.3.1 Die unterschiedlichen Farbwirkungen

Prinzipiell muss bei der Betrachtung der Farbwirkung zwischen den unterschiedlichen Arten der Wirkung unterschieden werden:

- Die psychologische Wirkung wird durch automatische und unterbewusste Reaktionen und Assoziationen ausgelöst. Diese entstehen durch das Verinnerlichen von oft gemachten Erfahrungen.
- Die symbolische Wirkung entsteht, wenn Farben bestimmte Begriffe zugeschrieben werden. Auch sie entstehen laut Eva Heller[20] durch Erfahrungen, wobei hier weniger die persönlichen Erfahrungen als vielmehr die über Jahrhunderte überlieferten Erfahrungen greifen. Die symbolische Wirkung entsteht aus Verallgemeinerung und Abstraktion der psychologischen Farbwirkung. Hier ist es manchmal schwer, einen Trennstrich zu ziehen.
- Die kulturelle Wirkung entsteht durch unterschiedliche Lebensweisen. In der Sprache leben häufig unterschiedliche Traditionen weiter. Irrationale Wirkungen von Farben verweisen oft auf traditionelle Dinge, wie alte Verfahren der Farbgewinnung und der Färberei.

4.3.2 Farbkombinationen

Da Farben selten einzeln vorkommen, wirken sie meistens in Kombination mit anderen Farben. Hierfür gibt es Farbtafeln, die die hervorgerufenen Gefühle durch Kombinationen aufführen. Auf der nächsten Seite eine von Holger Leibmann[21] entwickelte Aufstellung, in der stichwortartig Gefühle, Eigenschaften oder Zustände in Bezug auf Farbkombinationen festgehalten sind.

Hierbei wurde Weiß als unbunte Farbe nicht berücksichtigt, ebenso Violett, Silber und Gold. Die aufgeführten Stichpunkte sind im Zusammenhang mit der Gestaltungslehre zu verwenden. In den nachfolgenden Farbkapiteln wird ebenfalls nochmals kurz auf die Farbklänge eingegangen.

Da wir prinzipiell mehr Gefühle als Farben kennen, haben Farben und Farbkombinationen auch mehrere, manchmal sogar widersprüchliche Wirkungen. Bei verschiedenen Untersuchungen wurde festgestellt, dass zu manchen Eigenschaften mehrere Farben genannt werden. Wenn Farben häufiger mit einer Wirkung assoziiert werden, nimmt man an, dass diese Farbkombination diesem Begriff zugeordnet wird. Eine solche Farbzusammenstellung nennt man Farbklang. So ist z. B. „Blau – Weiß" der Farbklang für das Gute und die Klugheit.

	Rot	**Gelb**	**Blau**
Rot	**Blut, Feuer, Macht, Eroberung, Liebe, Gefühle.**	Gefahr, gesteigerte Signalwirkung, Feuer.	Aussagekontrast: warm – kalt, nah – fern, aktiv – passiv.
Gelb	Gefahr, gesteigerte Signalwirkung, Feuer.	**Sonne, Wärme, Gold, Neid, Warnfarbe.**	Aussagekontrast: warm – kalt, nah – fern, aktiv – passiv.
Blau	Aussagekontrast: kalt – warm, fern – nah, passiv – aktiv, erfrischend.	Aussagekontrast: kalt – warm, fern – nah, passiv – aktiv.	**Himmel, Meer, Unendlichkeit, Kühle, Ferne, Vernunft, ruhige Kraft.**
Grün	Komplementärfarben, Unruhe, Natur, Lebendigkeit.	Natur, Zitrone, Frische, Erholung.	Das Beruhigende, die Hoffnung, das Ehrliche.
Orange	Wärme, Feuer, Aktivität, Geselligkeit, Begierde, extrovertiert.	Aufdringlich, Angeberei, Energie, extrovertiert.	Komplementär-farben, Aussagekontrast: warm – kalt, passiv – aktiv, Phantasie.
Braun	Wärme, politischer Kontrast, Gemütlichkeit.	Wärme, Gemütlichkeit.	Das Männliche, unschön.
Schwarz	Brutalität, Bosheit, Hölle, negativ, Stärke, provokativ.	Hoher Kontrast, negativ, Stärke.	Kälte, Ferne, Ruhe, Souveränität.
	Rot	**Gelb**	**Blau**

Abb. 34: Farbwirkungen von Farbmischungen

Grün	**Orange**	**Braun**	**Schwarz**	
Komplementär-farben, Unruhe, Natur, Lebendigkeit.	Wärme, Feuer, Aktivität, Gesellig-keit, Begierde, extrovertiert.	Wärme, politischer Kon-trast, Gemütlichkeit.	Brutalität, Bosheit, Hölle, negativ, Stärke, provokativ.	**Rot**
Natur, Zitrone, Frische, Erholung.	Aufdringlichkeit, Angeberei, Energie, extrovertiert.	Wärme, Gemütlichkeit.	Hoher Kontrast, negativ, Stärke.	**Gelb**
Das Beruhigende, die Hoffnung, das Ehrliche.	Komplementär-farben, Aussagekon-trast: warm – kalt, passiv – aktiv, Phantasie.	Das Männliche, unschön.	Kälte, Ferne, Ruhe, Souverä-nität.	**Blau**
Natur, Nah-rung, Frische, Hoffnung, Gesundheit, Ruhe.	Aktivität, Lebendigkeit, Unruhe, Natur.	Naturherb, Baum, ökologisch, ruhig, langsam.	Frische, Kühle, Wissen, Vertrauen.	**Grün**
Aktivität, Lebendigkeit, Unruhe, Natur.	**Karibik, Heiterkeit, Aufdringlichkeit, Geselligkeit, Energie.**	Feuer, Wärme, Gemütlichkeit, Natur.	Gefahr, Energie, provokativ.	**Orange**
Naturherb, Baum, ökologisch, ruhig, langsam.	Feuer, Wärme, Gemütlichkeit, Natur.	**Natur, Geschmack, Ausgereiftheit, Faulheit, Behaglichkeit, konservativ.**	Politisch behaftet, Alter, konservativ, Faulheit.	**Braun**
Frische, Kühle, Wissen, Vertrauen.	Gefahr, Energie, provokativ.	Politisch behaftet, Alter, konservativ, Faulheit.	**Nacht, Ferne, Tod, Trauer.**	**Schwarz**
Grün	**Orange**	**Braun**	**Schwarz**	

4.4 Rot

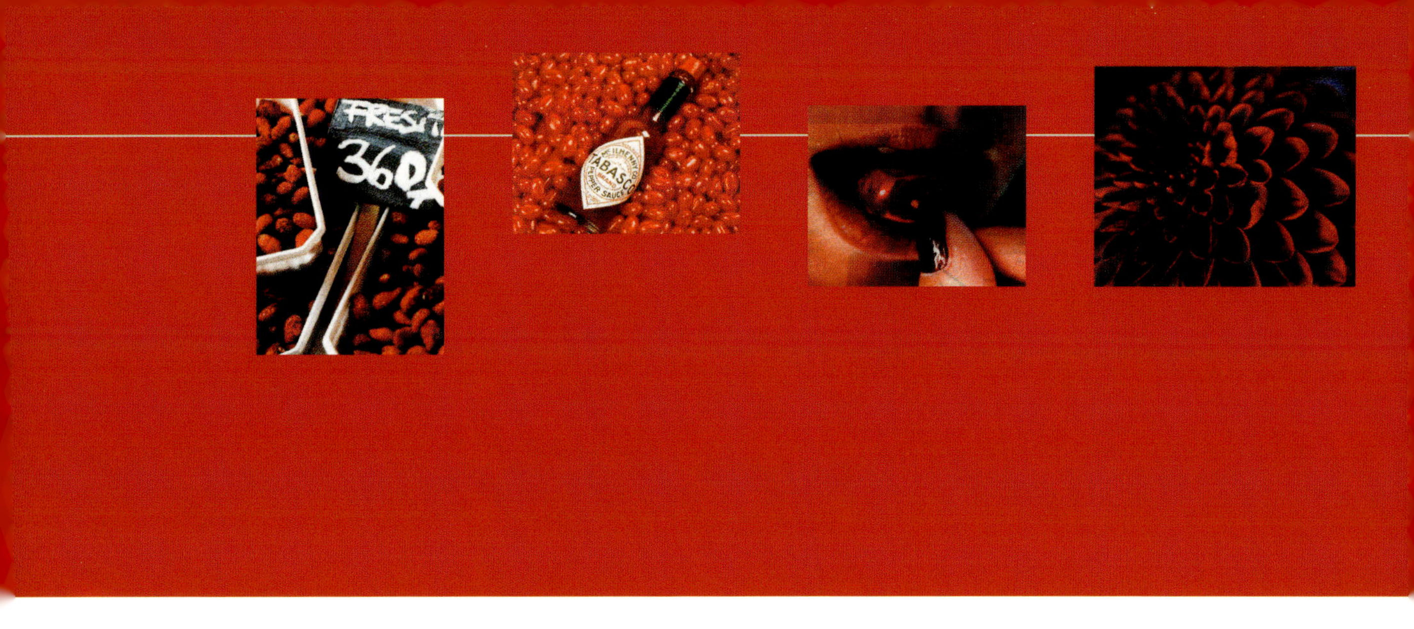
TABASCO

4.4 Rot

Rot ist die wichtigste Farbe der Menschheit. Schon in vorgeschichtlicher Zeit wird Rot mit Blut und Feuer gleichgesetzt. In vielen Sprachen bedeutet „Rot" gleichzeitig „Blut", wie z. B. bei den Eskimos und den Babyloniern.

In manchen Sprachen ist Rot auch gleichbedeutend mit dem Wort für Farbe, wie z. B. in Spanien („colorado"). Laut Eva Heller[22] existiert für Rot auch die älteste Farbbezeichnung. Ausnahme hierbei sind lediglich die unbunten Farben Weiß und Schwarz.

Naturwissenschaftler vermuten, dass Rot wahrscheinlich die erste Farbe ist, die Babys erkennen können.

Obwohl also Rot mit die wichtigste und historisch bedeutsamste Farbe ist, verliert es zunehmend an Beliebtheit. Dies liegt vorrangig an der Übersättigung durch Werbung. Laut Eva Heller[23] war Rot 1950, also noch vor dem Wirtschaftsaufschwung, die beliebteste Farbe. Eine 1989 von ihr selbst durchgeführte Leserbefragung ergab, dass Rot nur noch von 20 % der Befragten als Lieblingsfarbe genannt wurde, in der aktuellen Leserbefragung (2000) waren es nur noch 12 %.

Zur Werbewirksamkeit allgemein lässt sich sagen, dass sich Rot optisch immer nach vorne drängt, da es eine warme Farbe ist. Sie hat keine Tiefenwirkung, somit wirkt sie näher als alle anderen Farben. Dies wird im Marketing genutzt, um beim Betrachter Aufmerksamkeit zu bewirken und somit die Werbewirksamkeit zu erhöhen.

4.4.1 Historische Bedeutung

Rot – Die Farbe des Feuers

Seit jeher schon wird Rot mit der Symbolik des Feuers in Verbindung gebracht – die Verehrung des Feuers als göttliche Kraft. Es vertreibt die Kälte und die Mächte der Dunkelheit. Feuer reinigt, indem es vernichtet. Alle Flammen streben nach oben, darin sah man die göttliche Herkunft.

In allen Religionen erscheinen Götter als Feuerwolke. Moses sieht Gott als brennenden Dornbusch, der heilige Geist erscheint als Flammen. „Als die Erde noch eine Scheibe war", dachte man, das Abendrot wäre das Höllenfeuer.

Rot – Die Farbe des Blutes und des Krieges

Blut hat schon seit Urzeiten eine besondere Wirkung auf die Menschen, denn

Blut gilt in vielen Kulturen als Sitz der Seele. Blut ist die Essenz der Lebenskraft. Somit ist es nicht weiter verwunderlich, dass Rot als die Farbe des Blutes direkt mit der Symbolik des Blutes assoziiert wird.

So wurde auch dem römischen Kriegsgott Mars die Farbe Rot geweiht – der Planet Mars wird auch der „rote Planet" genannt.

Krieger weltweit und in jeder Zeit bemalten sich rot oder trugen rote Kleidung, da Rot symbolisch Kraft gibt und aggressiv wirkt. Fast alle historischen Uniformen sind rot, von der Schweizer Garde im Vatikan bis zum Buckingham-Palast. Es sollte abwehrend und abschreckend wirken, da es schon in der Ferne sichtbar ist. Auch Fahnen und Flaggen sind aus diesem Grund oft rot.

Rot – Die Farbe des Adels

Da Rot früher die typische Kleidungsfarbe des Adels war, steht Rot prinzipiell für den Adel. So ist „The red book" ein englisches Adelsverzeichnis. Bei der königlichen Fuchsjagd werden auch heute noch rote Jacken getragen, rote Teppiche werden für VIPs und königliche Hoheiten ausgerollt.

Rot – Die Farbe der Justiz

Auch in der Justiz spielte Rot schon immer eine große Rolle. So wurde symolisch Blut mit Blut gesühnt. Wenn im Mittelalter Recht gesprochen wurde, wurden rote Wimpel an die Turmspitzen der Burgen gehängt. Mit roter Tinte unterschrieben die Richter die Todesurteile, die Henker trugen rote Kleidung. Auch heute noch tragen die Bundesverfassungs- und Verwaltungsrichter rote Roben.

Rot – Die Farbe der Arbeiterbewegung

Warum ist Rot die Erkennungsfarbe der Arbeiterbewegung? Hier vermutet Eva Heller[24], dass Rot gewählt wurde, da diese Farbe früher standesgemäß vom Adel getragen wurde und somit eine zumindest rein optische Gleichsetzung erzielt wurde.

Auch Adolf Hitler nutzte die rote Farbe zu seinen Zwecken, indem er das Hakenkreuz auf rotem Grund als Symbol wählte. Mit diesem roten Hintergrund sollten sich die Arbeiter farbpsychologisch angesprochen fühlen.

Rot – Die Farbe der Prostitution

Rot gilt als typische Farbe der Prostitution. Früher warnten Mütter ihre Töchter vor roten Kleidern, da sie damit unmoralisch wirken könnten.

4.4.2 Symbolische und psychologische Farbwirkung

Rot – Eine männliche Farbe? Oder eher eine weibliche?

Historisch betrachtet wurde immer schon Rot mit Männlichkeit assoziiert, Rot war also eine männliche Farbe. Dies lag nicht zuletzt auch daran, dass Rot aufgrund seiner Blut-Symbolik auch mit Kraft, Aktivität und Aggressivität in Verbindung gebracht wird.

Die ursprünglich männliche Bedeutung von Rot oder Rosa hat sich bis zur heutigen Zeit jedoch mehr und mehr zur weiblichen gewandelt, wohingegen die ursprüngliche weibliche Bedeutung von Blau sich zur männlichen gewandelt hat. Dies belegt auch eine Umfrage von Eva Heller[25], nach der nur 5% der Befragten Rot als männlich empfinden. Sie begründet den Wandel der ursprünglichen Bedeutung mit einer Mode aus dem Jahre 1930, als männliche Babys in Hellblau gekleidet wurden und weibliche in Rosa.

Rot – Die Farbe von Liebe und Hass

Rot ist die Farbe von Liebe und Hass, was nicht zuletzt daran liegt, dass diese Leidenschaften das Blut in Wallung bringen „es steigt zu Kopf", „man wird rot" vor Verlegenheit und Verliebtheit.

Die Farbkombination Rot – Orange als Assoziation zwischen Blut und Feuer entspricht ebenfalls der Leidenschaft, gängige Redewendungen wie „feuriges Blut" und „Leidenschaft kann brennen und verzehren" weisen darauf hin.

Lippenstifte und Rouge werden verwendet, um blutvoller und leidenschaftlicher zu wirken.

Rot – Die Farbe des Zorns

Auch mit Wut und Zorn wird Rot in Verbindung gebracht. „Man sieht rot", wenn man die Kontrolle über die Vernunft verliert.

Rot – Die Farbe der Kraft

Rot ist die kräftigste aller Farben. Es ist somit die Farbe der Kraft und symbolisiert die Kraft des Lebens. Dies hängt nicht zuletzt auch mit der Symbolik des Blutes zusammen. Redewendungen wie „Heute rot, morgen tot" oder „blutjung" zeugen davon.

Rot – Die Farbe des Glücks

Rot steht für Glück. Wenn man einen Tag im Kalender „rot anstreicht", so wird damit meist ein Glückstag festgehalten. Auch Marienkäfer sind rot, weshalb sie auch die Glückskäfer genannt werden.

Rot – Die Farbe der Dynamik und Aktivität

Auch im Zusammenhang mit Dynamik und Aktivität wird häufig Rot assoziiert, was z. B. bei Coca-Cola als Marketingstrategie ausgenutzt wird. Auch manche Zigarettenfirmen setzen auf die stimulierende Wirkung von Rot für ihre Verpackungen.

Rot steht auch für Aktivitäten, die mehr Leidenschaft als Verstand verlangen. So sind z. B. Boxhandschuhe immer rot und rote Autos beim Autorennen wirken dynamischer. Anfang des 20. Jh. legte der A. I. A. C. R. (= Internationaler Verband der Automobilclubs) für alle Nationen eine Autofarbe für die Autorennen fest. Italien hatte Glück und bekam die Farbe rot zugeteilt. Deswegen ist der Ferrari heute rot.

Nicht zuletzt aufgrund der Bedeutung von Aktivität und Aggressivität ist Rot auch die Farbe der Männlichkeit.

Rot – Die Farbe der Korrektur und Kontrolle

Die klassische Farbe eines Fehlers bzw. einer Fehlerkorrektur ist rot. Dies zieht sich von der Schule bis in den Supermarkt, wo, wenn Preise reduziert werden, „der Rotstift regiert".

Auch wird Rot häufig mit Kontrollen in Verbindung gebracht. Der sog. „rote Faden" wird laut Eva Heller[26] nicht auf die griechische Mythologie zurückgeführt, sondern vielmehr auf einen Sicherungsfaden in den Tauen der englischen Marine als Schutz vor Diebstahl. So erkannte man sofort den wahren Eigentümer.

Rot – Die Farbe der Gefahr und Warnung

Vor allem in der modernen Farbsymbolik steht Rot für Gefahr und das Verbotene. Dies wird insbesondere im Straßenverkehr deutlich: weltweit sind die Ampelfarben gleich, da Rot bei Tag und Nacht gut sichtbar ist. Auch auf andere Bereiche wird das Ampelrot als Symbol für Stopp, Warnung und potentielle Gefahr übertragen, wie z. B. Notschalter, Alarm, Zutrittsverbote, rote Karte im Fußball, Halteverbot. Auch der sog. „Rote Bereich“ bei unterschiedlichsten Messgeräten weist auf eine potentielle Gefahr hin.

Farbklänge mit Rot

- Rot – Schwarz – Orange bedeutet höchste Aggressivität
- Rot – Blau steht für körperliche und geistige Kräfte
- Rot – Blau – Gold bedeutet Attraktivität, Mut, Leistung = all jene Eigenschaften, die aus körperlicher Überlegenheit resultieren
- Rot – Gelb – Orange bedeutet Feuer, Flamme und Wärme
- Rot – Violett – Rosa steht für Sexualität und Erotik, aber auch für das Unmoralische

4.4.3 Kulturspezifische Bedeutung

China

Rot gilt in China als Glücksfarbe, was sich aus folgenden Tatsachen leicht ersehen lässt:

Da in Restaurants häufig gefeiert wird, ist die Einrichtung im Regelfall rot gestaltet. Chinesische Kinder werden aus Freude, dass sie geboren wurden, rot angezogen. Chinesen heiraten in Rot. Da aus rotem Stoff meist Festkleidung hergestellt wurde, ist im chinesischen Schriftzeichen für Seide das Zeichen für Rot enthalten. Rot ist bis heute in China eine männlich Farbe, da sie mit überwiegend positiven Eigenschaften belegt ist.

Indien

Inderinnen tragen bei der Hochzeit Rot, da dies die heilige Farbe der Göttin Lakshni ist, der Göttin der Schönheit und des Reichtums.

Islam und arabische Länder

- Der Koran schreibt in Marokko vor, dass der Fes (= Hut) mit Kermes (roter Farbstoff) gefärbt werden soll.
- Generell gilt: wo die Hitze das Leben bedroht, ist Rot das Symbol des Bösen und der Zerstörung. So bedeutet z. B. in Ägypten „rotmachen“ gleich töten.

Italien

In Italien wird Rot mit der Abwehr gegen das Böse und den Neid assoziiert. So werden bis heute zum Schutz Amulette aus roten Korallen getragen. Auch wurden deswegen im Mittelalter Babys vorwiegend in rote Decken oder Betten gelegt.

Russland

In kalten Ländern wie z. B. Russland gilt Rot prinzipiell als eine positive Farbe.

Dort ist „krasnij“ (= Rot) mit „krasiwej“ (= schön, herrlich, gut, wertvoll) sprachlich verwandt. Der Rote Platz in Moskau bedeutet „der schöne Platz“. Die Farbe des Sozialismus ist ebenfalls rot, wobei sich dies eher auf die ursprüngliche Farbe der Arbeiterbewegung zurückführen lässt.

4.5 Blau

4.5 Blau

Blau ist die Lieblingsfarbe von 46 % aller befragten Männer und 44 % aller befragten Frauen. Bei Blau können keine negativen Gefühle dominieren. Blau ist die Farbe der guten Eigenschaften und des auf Dauer Bewährten. Es wird laut Eva Heller[27] nicht von Leidenschaften beherrscht, sondern von gegenseitigem Verständnis.

In vielen einfachen Sprachen gibt es keine Bezeichnung für Blau, es wird immer nur umschrieben. Die Anthropologen Brent Berlin[28] und Paul Kay stellten bei ihren Forschungen an 98 Sprachen fest, dass bei vielen Völkern, egal ob primitiv oder kultiviert, kein Wort für Blau vorhanden ist. So wird es teilweise als Grünnuance umschrieben, oder aber es wird eine Metapher verwendet, wie z. B. „wie der Himmel" oder „wie das Meer".

Aufgrund seiner beruhigenden und kühlen Wirkung ist Blau besonders als Raumfarbe für das Schlafzimmer geeignet, und ist nicht zuletzt aufgrund seiner Kühle auch in warmen Ländern sehr beliebt.

4.5.1 Historische Bedeutung

Blau – Blut des Adels

Ursprünglich stammt diese Annahme aus dem Spanischen. So dachten die braungebrannten spanischen Bauern, dass die hellhäutigen Adligen blaues Blut hätten, da ihre Adern blau hervortraten. Adelige vermieden damals, sich der Sonne auszusetzen. Sie wollten sich durch ihre Blässe hervorheben, da sie nicht arbeiten mussten. Ein weiterer Grund für die hellere Hautfarbe waren die ehelichen Verbindungen mit dem blassen europäischen Adel. Im Spanischen spricht man im Zusammenhang mit einem Traumprinzen von einem „principe azul", einem azurblauen Prinzen.

Blau – Mode des Adels

Nur leuchtend schönes Blau auf edlen Stoffen wurde vom Adel getragen. Ab dem 13. Jh. wurde der französische Krönungsmantel leuchtend blau gefärbt. Nach der Legalisierung von Indigo wurde Blau im Frankreich des 17. Jh. die Modefarbe des Adels.

Blau – Die Farbe des Blaustrumpfs

Der Begriff „Blaustrumpf" entstand um 1750 in London folgendermaßen:

die Schriftstellerin Lady Elizabeth Montague organisierte und veranstaltete kulturelle Treffen, zu denen der Botaniker Benjamin Stillingsfleet, ein Freund der Lady Montague, anstelle der üblichen schwarzen Strümpfe immer blaue trug. Zu dieser Zeit waren in der Herrenmode Kniebundhosen üblich, so dass jeder seine auffälligen Strümpfe betrachten konnte. Er wollte damit ausdrücken, dass nicht Reichtum das wichtigste ist, sondern die Bildung. Blaue Strümpfe waren aus Wolle und kosteten wesentlich weniger als die schwarzen. So kamen diese kulturellen Treffen zu ihrem Namen „Blue-stocking Clubs", und da zu diesen Veranstaltungen viele Frauen kamen, die in der damaligen Zeit noch nicht die Universität besuchen durften, bekam der Begriff „Blaustrümpfe" bald eine diskriminierende Bedeutung.

Blau – Die Farbe für den Alltag

Als Kleiderfarbe war und ist Blau eine Allerweltsfarbe. Sie ist unaufdringlich, passiv, passt sich jeder Mode an und steht jedem.

Blau ist die Farbe des Alltags und der Arbeit, da Blau immer schon billig zu färben war und eine robuste Farbe ist. Indigo kann aus vielen verschiedenen Pflanzen weltweit gewonnen werden und ist in vielen Ländern seit dem Altertum bekannt, wie schon in China und Ägypten. Sogar die Indianer kannten Indigo. Das Wüstenvolk der Tuareg verwendete Indigo derart konzentriert, dass die Kleidung in der Sonne metallisch wirkte.

Auch die Blue Jeans passt hierzu: ihre ursprüngliche Bezeichnung war „blue de Gênes", „das Blau aus Genua". Levis Strauss hat sie als Arbeitskleidung für Cowboys und Goldgräber konzipiert. Auf Dunkelblau und verwaschenem Blau war Schmutz schlecht sichtbar und der Stoff ließ und lässt sich gut waschen, da die Farbe lichtecht und haltbar ist.

In der Jeans spiegelt sich das Modegeschehen von 1970 bis heute wieder. Sie wird in allen Gesellschaftsschichten getragen.

4.5.2 Symbolische und psychologische Farbwirkung

Blau – Eine männliche Farbe? Oder eher eine weibliche?

Nach der alte Symbolik ist Blau weiblich, es ist der Gegenpol zum männlichen Rot, das Aktivität und Stärke symbolisiert. Blau ist still, passiv und ruhig. In der Symbolik gehört es zu Wasser, das ebenfalls dem Weiblichen zugeschrieben wird.

Nach neuer Symbolik ist Blau männlich, ausgelöst durch die modebedingten Babyfarben Hellblau und Rosa und durch die geistigen Tugenden, die dem Mann zugeschrieben werden. Schwarz wird als zweithäufigste Farbe dem Männlichen zugeordnet, es symbolisiert das traditionelle Selbstbild des starken Mannes.

Da Blau also historisch betrachtet klar weiblich war, gibt es viele Mädchennamen, die auf der Farbe Blau beruhen. So sind z. B. die Frauennamen Celestina und Selina von dem lateinischen Wort „caelestis" (= himmelblau) abgeleitet, und weitere Beispiele für Himmelblau in anderen Sprachen sind Urdina, Sinikka und Saphira.

Laut Eva Heller[29] gibt es jedoch nur einen männlichen Vornamen, der auf Blau zurückzuführen ist: Douglas – der Dunkelblaue.

Blau – Die Farbe der Ruhe und der Ewigkeit

Aufgrund seiner kühlen Wirkung drückt Blau Ruhe und Tiefe aus. Diese beruhigende Eigenschaft wird z. B. bei Verpackungen von Schlafmitteln, bei Bettwäsche oder im Aktiengeschäft („Blue Chip") verwendet. Der „train blue", ein Schlafwagen, der Calais und Nizza verbindet, wurde ebenfalls dieser Farbsymbolik angelehnt.

Blau – Die Farbe der Sehnsucht und Treue

Blues ist die Musik der Sehnsucht und Traurigkeit, des Heimwehs und des Liebeskummers. Die psychologische Wirkung der Farbe Blau (= Kühle, Ferne) wird auch zur symbolischen Wirkung (= Treue).

Blau – Die Farbe des Friedens

Blaue Fahnen sind Friedensfahnen. Auch die Fahne der UN, der EU und von Greenpeace sind blau. Blaue Fahnen sind am Himmel nicht sichtbar, somit für den Kriegsfall ungeeignet.

Blau – Die Farbe der Sympathie, Harmonie, Freundschaft und des Vertrauens

Generell kann gesagt werden, dass Blau alle dauerhaften und auf Gegenseitigkeit beruhenden (positiven) Gefühle ausdrückt. Dies umfasst die Sympathie, Harmonie, die Freundschaft und das Vertrauen.

Blau – Die Farbe der Lüge

Blau ist auch die Täuschung und das Unrealistische. „Das Blaue vom Himmel herunter lügen", danach erlebt man vielleicht ein „blaues Wunder", wenn die Wahrheit ans Licht kommt. Daher waren Lügengeschichten früher auch blaue Märchen. Heute erzählt Kapitän Blaubär solche Geschichten. Die Figur des Kapitän Blaubär ist ein Paradebeispiel für kreative Farbgestaltung. Hier wurde die Farbe Blau mit der Symbolik der Lüge angewandt. Die unkonventionelle Farbauswahl für die Phantasiefigur (hier Blau) weckt neben der Figur selbst zusätzliches Interesse beim Betrachter.

Farbklänge mit Blau

- Blau – Violett - Orange ist die Phantasie.
- Blau – Weiß ist die Wahrheit, das Gute und die Klugheit. Aber auch geistige Tugenden sind Blau – Weiß, sowie Wissenschaft, Konzentration und Sport. Ein Beispiel für Wissenschaft und Intelligenz ist „Deep Blue", ein auf künstlicher Intelligenz beruhender Schachcomputer.
- Blau – Grün – Weiß ist die Erholung. Blau steht für positive Erholung, Grün für aktive Freizeitgestaltung und Weiß für die Abwesenheit aller Farben, also Ruhe und wenig Aufregung.
- Blau – Weiß – Silber ist der Farbklang des Kühlen. Das findet Anwendung bei der Verpackung von Milchprodukten.
- Blau – Gold steht für Leistung. So gibt es das „blaue Band" als Schärpe für herausragende Leistungen.

Eine blaue Schärpe wird auch von hochrangigen Staatsführern bei öffentlichen Anlässen getragen.

4.5.3 Kulturspezifische Bedeutung

Antike, Religion und Aberglaube

- Die Griechen im Altertum hatten kein Wort für die Farbe Blau.
- Die Kelten bemalten im Kriegsfall ihre Gesichter mit Waidblau. So erschreckten sie die Legionäre des römischen Kaisers Cäsar.
- Blau ist das Göttliche, denn Götter leben im Himmel. Blau ist die Farbe, die sie umgibt, weshalb Blau auch in vielen Religionen die Farbe der Götter ist.
- Der römische Gott Jupiter war der Herrscher des Himmels, Blau die Farbe seines Reiches. Als Planet gehört er in der Astrologie zum Sternzeichen Schütze, Blau ist die Farbe der Schütze-Geborenen.
- In vielen christlichen Kirchen sind die Domkuppeln blau wie der Himmel.
- Die Kleidung von Maria wird im Christentum meistens blau dargestellt.
- Im Mittelmeerraum und im nahen Orient ist das „magische Auge", ein blaues Amulett, sehr beliebt. Es soll das Auge Gottes sein und vor Bösem schützen. Auch blaue Glasperlen haben diese Funktion.

China

- In der chinesischen Farbsymbolik ist Blau nicht vorhanden. Die Begründung hierfür ist, dass Grün aus Blau entsteht und es übertrifft. Das heißt laut Eva Heller30, dass „... ein guter Schüler besser als sein Lehrer werden kann". Grün hat die größere Bedeutung, da es Gelb zu größeren Teilen enthält als Blau und Gelb die höchste Farbe in der Farbsymbolik der Chinesen ist. Blau wird nicht als Farbe gesehen.
- Die Chinesen finden blaue Augen hässlich und unnatürlich. In China sind blaue Augen auch sehr selten. In den traditionellen Charakteren der Peking-Oper ist Blau böse und wild.
- Auch in China wird seit Urzeiten blaue Arbeitskleidung getragen: Uniformen von Schaffnern, Polizisten, Piloten, Marine, Wachpersonal sowie die Anzugsmode.

Deutschland

- Nur in Deutschland ist man „blau", wenn man betrunken ist. Hier war das Blaufärben mit Waid in vielen Landstrichen verbreitet und nur hier sagt man „der macht blau", wenn jemand nicht zur Arbeit geht.

Der Ursprung dieser beiden Redewendungen liegt in der Färberei. Dies war prinzipiell eine angenehme Tätigkeit und konnte nur bei anhaltendem Sonnenschein und im Freien ausgeführt werden. Außerdem musste ungefähr eine Woche lang dem Färbertopf ständig Alkohol zugeführt werden, da dies für den Färbevorgang gebraucht wurde. Da aber auch noch Urin benötigt wird, wurde der Alkohol nicht nur in den Topf geschüttet, sondern auch getrunken.

- Bis ins 19. Jh. wurden „gefallene Mädchen", also unverheiratete Mütter, dadurch geächtet, das sie als „es ist nur eine Blaue" betitelt wurden. Außerdem mussten sie z.B. bei kirchlichen Prozessionen eine blaue Alltagsschürze statt der weißen Sonntagsschürze tragen.
- In Deutschland wurden blaue Briefe mit unangenehmem Inhalt verschickt, die Behörden verwenden z.B. bei Bußgeldverwarnungen noch heute blaue oder graue Briefumschläge.
- Nur bei uns gibt es bei einer Prügelei ein „blaues Auge", in England bekommt man nichts „eingebläut", sondern „a black eye".

England

In England hat die Farbe Blau viele unterschiedliche Bedeutungen. Nachfolgend ein paar Beispiele:

- In der „blue hour" wird nach Arbeitsschluss in einer Bar noch etwas getrunken, hier wirkt Blau als Entspannung.
- Something old, something new, something borrowed, something blue"31. Dieser Hochzeitsbrauch besagt, dass man bei der Hochzeit als Symbol für die Treue etwas Blaues dabei haben soll, wie z.B. blaue Blumen oder blaue Schleifen. Man sagt auch „true blue", also blaue Treue.
- Die Melancholie ist in England blau. Wenn man in melancholischer oder trübsinniger Stimmung ist, sagt man „I'm blue". Wenn sich jemand fürchtet, ist er „in a blue funk", er „ist stinkblau", er hat Bammel oder „Schiss".
- Die Farbe Blau als Berufskleidung ist besonders in der USA und England weit verbreitet. Hier werden Arbeiter als „blue-collar workers" und Büroangestellte als „white-collar workers" bezeichnet. An den weißen Hemden der Angestellten sieht man sofort, das sie nicht körperlich arbeiten oder sich schmutzig machen müssen.
- „Blue-eyed boy" ist der Liebling des Chef.
- Die Zensur wird in England „blue pencil" genannt.
- Ein „blue movie" ist ein pornographischer Film, „blue jokes" sind obszöne Witze, „blue language" ist ordinär.

Frankreich

In Frankreich sagt man „J'en reste bleu" (= „davon bleibe ich blau"). Gemeint ist, man kommt aus dem Staunen nicht mehr heraus. Oder auch „Parbleu!", was soviel heißt wie „typisch blau" und bedeutet, dass etwas nicht mit rechten Dingen zugeht.

Indien

Der indische Gott Wischau (= Krishna, wenn er sich in Menschengestalt zeigt) hat als Kennzeichen seiner himmlischen Herkunft blaue Haut, ebenso der indische Gott Rama.

Islam und arabische Länder

In Ägypten war der Lapislazuli ein heiliger Stein. Die Pharaonenmasken der toten Herrscher waren mit Lapislazuli geschmückt, die Haare und Bärte der Masken waren blau. Der ägyptische Gott Amun hat blaue Haut, damit er unsichtbar in der Luft schweben kann.

Israel

Im jüdischen Glauben besteht der Thron des Jahwe aus Saphir. Der Himmel symbolisiert den Thron. Das göttliche Blau und Weiß der Reinheit sind die Farben des Zionismus und deshalb die Flaggenfarben Israels: der blaue Davidstern auf weißem Grund.

Russland

Russen mit „blauem Charakter“ sind sanftmütige Menschen, „himmelblaue“ Russinnen („golubica“) sind schüchtern. Blaue Russen sind laut Eva Heller[32] homosexuell.

4.6 Grün

4.6 Grün

Denkt man an Grün, so denkt man unwillkürlich an die Natur – nicht umsonst steht Grün für Natur, Leben, Frische und Gesundheit.

Aber neben dieser naturbedingten primären Bedeutung von Grün stellt Grün auch die Farbe der Mitte dar. Grün ist die neutralste Farbe der Farbsymbolik, seine Wirkung wird sehr stark von den kombinierten Farben bestimmt (siehe weiter unten unter „Farbklänge“).

Diese prinzipielle Neutralität zeigt sich auch darin, dass es gleichermaßen Mädchen- wie auch Jungennamen gibt, die ursprünglich mit Grün zu tun haben, Grün ist somit weder weiblich noch männlich belegt, es ist neutral. Beispiele hierfür sind Silvia (lat. = Wald), Flora (= römische Göttin für Blumen), Linda (= Linde) und Yvonne (franz. = Eibe), aber auch Lars (lat. laurus = Lorbeer), Oliver (lat. = Ölbaum) und Veit (althochdeutsch witu = Wald).

Die Farbe Grün wird bei Männern im Alter immer beliebter. So war Grün bei Eva Hellers[33] Befragungen bei 12 % der jungen Männer und 20 % der alten Männer die Lieblingsfarbe, was wohl daran liegt, dass Grün die Farbe des Jugendlichen und Frischen ist. Grau als trübe Farbe hingegen wird im Alter immer unbeliebter.

Wassily Kandinsky[34] setzte sich als erster gegenstandsloser Maler mit der Farbwirkung auseinander. Kein anderer hat sich derart abfällig über Grün geäußert:

> „Absolutes Grün ist die ruhigste Farbe, die es gibt: Sie bewegt sich nach nirgends wohin und hat keinen Beiklang der Freude, Trauer, Leidenschaft, sie verlangt nichts, ruft nirgends hin. Diese ständige Abwesenheit der Bewegung ist eine Eigenschaft, die auf ermüdete Menschen und Seelen wohltuend wirkt, aber nach einer Zeit des Ausruhen leicht langweilig werden kann. Die in grüner Harmonie gemalten Bilder bestätigen diese Behauptung. ... so wirkt das Grüne nur langweilend ... Die Passivität ist die charaktervollste Eigenschaft des absoluten Grün, wobei diese Eigenschaft von einer Art Fettheit, Selbstzufriedenheit parfumiert wird. Deswegen ist das absolute Grün im Farbenreich das, was im Menschenreich die so genannte Bourgeoisie ist: Es ist ein unbewegliches, mit sich selbst zufriedenes, nach allen Richtungen beschränktes Element. Dies Grün ist eine dicke, sehr gesunde, unbeweglich liegende Kuh, die nur zum Wiederkäuen fähig mit blöden, stumpfen Augen die Welt betrachtet.“

4.6.1 Symbolische und psychologische Farbwirkung

Grün – Die Farbe der Natur und des Lebens

Die Bedeutung von Grün als Farbe der Natur und des Lebens ist international. Als Symbolfarbe der Natur wird es überall dort eingesetzt, wo auch nur im entferntesten ein Bezug auf die Natur vorhanden ist.

Im Marketing wird Grün häufig dazu verwendet, einem Produkt einen natürlichen Anstrich zu geben. So suggeriert z. B. grün verpackte Kosmetik Natürlichkeit. Besonders natürlich wirkt Grün kombiniert mit Erdtönen, Blau (= Himmel) oder Weiß.

Durch das natürliche Wachstum im Frühling wird Grün im übertragenen Sinn auch als Symbolfarbe des Gedeihens gesehen. So hieß es früher „in grüner Zeit", damit meinte man eine wirtschaftliche und kulturelle Blütezeit.

Grün – Die Farbe der Gesundheit und Frische

Natur ist gesund, ergo: Grün ist gesund!

Grün ist das Erfrischende, die Frische, z. B. grünes Holz, Evergreen (ein Schlager, der zwar alt ist, aber nicht altmodisch). Grün mit Blau wirkt besonders frisch. Die sich hieraus ergebende Farbnuance Türkis wird häufig bei Schwimmbädern oder Badezusätzen eingesetzt.

Jedoch nicht immer kann mit Grün Frische assoziiert werden. So wird wohl niemand an grünem Brot Gefallen finden.

Grün – Die Farbe der Hoffnung und Zuversicht

Ebenfalls im Zusammenhang mit der Natur steht Grün als Farbe der Hoffnung. So zeigen sich in Verbindung mit Frühling und Wachstum vielfältige sprachliche Analogien zwischen Grün und Hoffnung: „Hoffnung keimt, wie Saat im Frühling keimt", „Je dürrer die Zeit, desto grüner die Hoffnung", aber auch „Mein Herz wird grün" als Ausdruck für Hoffnung.

Grün – Die Farbe der Jugend und Unreife

Auch Jugend und Unreife wird durch Grün ausgedrückt. Die Erfahrung, dass das Stadium der Unreife bei Pflanzen immer grün ist, wird hierbei verallgemeinert.

„Ein grüner Junge" ist einer, dessen Ansichten so unreif sind wie „grünes Obst" und so unausgegoren wie „grüner Wein". Er ist noch „grün hinter den Ohren" oder ein „Grünschnabel", ein „Greenhorn". Junge Vögel haben am Schnabelansatz eine grünliche Haut, junge Böcke haben eine grünliche Haut am Hornansatz.

Auch frisch erblühte Liebe wird mit der Farbe Grün in Verbindung gebracht. Die „Grüne Liebe" wurde besonders im Minnegesang verehrt. So schrieb Friedrich Schiller über eine junge Liebe „Unsere Bekanntschaft ist noch grün".

Grün – Die Farbe der Ruhe und Geborgenheit

So wusste bereits Plinius: „Grün erfreut das Auge, ohne es zu ermüden". Sein Zeitgenosse Nero betrachtete manchmal die Zerfleischung bei den Zirkusspielen durch einen Smaragd zum Entspannen der Augen. Zur Zeit Goethes war Grün wegen seiner beruhigenden Wirkung eine beliebte Wohnzimmerfarbe.

Aus diesem Grunde ist auch Operationskleidung grün, da diese beruhigend wirken soll. Außerdem sieht Blut darauf braun aus und wirkt so weniger erschreckend. Hier wirkt Grün als Komplementärfarbe zu Rot.

Grün – Die Farbe der Zuverlässigkeit und Sicherheit

Dass Grün auch für Zuverlässigkeit und Sicherheit steht, wird z. B. deutlich bei Ampeln, Notausgängen und Rettungswegen. Das Ampelgrün wurde auch symbolisch umgesetzt. So spricht man davon, jemandem „grünes Licht zu geben" als Signal für die Unterstützung eines Vorhabens. Bei „Alles im grünen Bereich" ist alles in Ordnung, die „Greencard" gibt grünes Licht für eine Auswanderung in die USA.

Grün – Die Farbe der Untreue

Grün symbolisiert die Untreue. Hier wird der Ursprung bei der Färberei vermutet: Mit Pflanzenfarbe gefärbte grüne Stoffe waren schnell verwaschen und verblasst. Betuchte Bürger hingegen konnten sich den teuren, zweifach (zuerst mit Gelb, dann mit Blau) gefärbten Stoff leisten, der lichtecht und robust war.

Farbklänge mit Grün

- Blau – Grün steht für positiv. Der positive Farbklang wird mit stillem Einverständnis hingenommen, da es die Hauptfarben des Angenehmen und der Toleranz sind.
- Grün – Rot bedeutet höchste Vitalität, da Grün das pflanzliche Leben und Rot das animalische Leben symbolisiert.
- Gold – Rot – Grün ist der Farbklang des Glücks, wobei die Farbe Gold Reichtum bedeutet, Rot für die Liebe steht und Grün für die Gesundheit.
- Grün – Gelb – Blau – Rosa ist der Farbklang für Wachstum und Frühling. „Es keimt, sprießt und grünt".

Farben können auch mit dem Geschmack in Verbindung gebracht werden, wie die nachfolgenden Farbklänge zeigen:

- Grün – Braun ist herb und bitter, wie z. B. Kräuterlikör.
- Grün – Gelb ist sauer im Geschmack.
- Grün – Orange ist aromatisch.

Aber auch Grün hat seine schlechten Seiten:

- Schwarz – Grün ist der Farbklang der Zerstörung. Schwarz wirkt hier negierend, so dass hierdurch die Umkehrung des Lebens entsteht.
- Gelb – Grün ist der Farbklang des Ärgers. Die Leber produziert bei negativer Aufregung mehr Gallensaft als notwendig. Menschen, die sich oft ärgern, haben hierdurch häufig Magenprobleme und eine fahle, gelbliche Haut.

4.6.2 Kulturspezifische Bedeutung

Ägypten

- Hier war Grün hauptsächlich männlich belegt, da der antike Gott Osiris eine grüne Hautfarbe hat.

Aus diesem Grund wurde er auch „der große Grüne" genannt. Er ist der Gott für Leben und Tod, was in der ägyptischen Mythologie aufgrund der Wiedergeburt prinzipiell keinen Widerspruch darstellte.

- Die Ägypter verehrten auch grüne Tiere, wie z. B. Krokodile.

Antike

Bei den Römern in der Antike stand Grün für Venus, die Göttin der Gärten und der Weinberge, sowie der Fruchtbarkeit und Erotik.

China

In China bedeutet Grün Fruchtbarkeit, Grün wird in Form des Jadesteins verehrt. Nach der chinesischen Symbolik ist Jade der Samen des Himmelsdrachen und somit der Inbegriff von Männlichkeit und himmlischer Lebenskraft. Der grüne Drache ist das Symbol für Männlichkeit und für den Kaiser.

Christentum

Grün hat nicht nur für den Islam eine besondere Bedeutung, sondern auch in der christlichen Liturgie:

Hier ist Grün die Farbe des heiligen Geistes. Nachdem er sich den Aposteln offenbarte, wählten diese Grün als ihre Symbolfarbe. Christliche Bischöfe sehen sich als deren Nachfolger, weshalb sie einen grünen Hut im Wappen haben.

Deutschland

Den Begriff „Giftgrün" gibt es nur in Deutschland. Der Ursprung geht auf die Farbherstellung zurück. So wurde im Altertum die grüne Farbe aus Grünspan plus Bindemittel (wie z. B. Ei) hergestellt, im 19. Jh. wurde in Deutschland ein Verfahren mit Arsenzusatz entwickelt.

Als die synthetischen Grünnuancen auf den Markt kamen, waren diese nicht weniger giftig als die alten Farben, denn sie enthielten gleichfalls Kupfer.

England

- Der Begriff „in the green" ist in England Ausdruck für topfit, „green meat" die Bezeichnung für frisches Fleisch. Eine fabrikneue Maschine wird auch „a green maschine" genannt.
- Mit „Do you see any Green in my eye?" (= „Siehst du irgend etwas Grünes in meinen Augen?") möchte der Engländer ausdrücken: „Hältst du mich für dumm?"
- Auch gibt es einen Bezug zwischen Grün und Neid. So sagt man „a look with green eyes", was soviel heißt wie „das ist ein neidvoller Blick".
- Grün ist die Farbe des Bürgerlichen. So ist die britische Unterhausbestuhlung grün, da das Parlament vom Volk gewählt ist. Im Vergleich hierzu: im britischen Oberhaus, wo die Adligen sitzen, ist die Bestuhlung rot.
- Englische Künstler-Garderoben sind oft grün ausgestattet und heißen „green room". Hier soll Grün eine beruhigende Wirkung haben.

Frankreich

- Bei abergläubischen Franzosen ist Grün eine Unglücksfarbe, weshalb laut Eva Heller[35] Franzosen nur sehr ungern ein grünes Auto fahren.

- „Je suis vert" (= „ich bin grün") bedeutet soviel wie „ich bin stinksauer", „vert de colère" bedeutet „grün vor Wut".

Irland

Die Nationalfarbe der „grünen Insel" ist, wie kann es anders sein, Grün. Das Symbol Irlands ist ein dreiblättriges grünes Kleeblatt, es steht für Vater, Sohn und heiliger Geist, die Dreieinigkeit. Grün ist auch die Farbe der Katholiken.

Islam und arabische Länder

Grün ist die Farbe des Islam. Nachfolgend stichpunktartige Notizen zur Farbe Grün im Islam:

- Grün ist nicht zufällig die Farbe des Islam, sondern durch eine Offenbarung Gottes, die besagt, dass das Paradies grün sei und voller sinnlicher Freuden.
- Grün war die Lieblingsfarbe von Mohammed, dem Propheten (570 – 632). Seine Heimat Saudi-Arabien hat als Landesflagge Grün mit goldener Inschrift.
- Grün ist die Farbe der arabischen Liga. So haben alle Mitgliedsstaaten Grün in ihren Flaggen.
- Die kostbarste Reliquie des Islam ist die „Sandschark-i-Scherif", eine Fahne, mit der der Prophet in den Krieg zog und Mekka eroberte. Sie ist grün und mit Gold bestickt.
- Bei der Beerdigung König Husseins von Jordanien wurde ein grüner Baldachin übers Grab gespannt.
- Grün ist im Islam eine männliche Symbolfarbe, da Grün das „ewige" Leben in der Wüste bedeutet.
- Grün mit der Eigenschaft „böse" ist im Islam nicht vorstellbar.

4.7 Gelb

4.7 Gelb

Gelb ist die widersprüchlichste aller Farben.

Laut Eva Heller[36] sind die symbolischen Erfahrungen zu Gelb negativ geprägt, die eigenen jedoch positiv, wie z. B. die Sonne und Wärme. Sie schreibt weiter, dass die Farbe Gelb besonders leicht durch andere Farben beeinflusst wird.

Gelb ist eine der drei Primärfarben und die hellste aller bunten Farben.

Die Farbe Gelb hat die beste Fernwirkung und ist mit schwarzer Schrift kombiniert am Tag und bei Nacht gut sichtbar. Die Farben müssen hierzu in maximalem Kontrast zueinander stehen, wobei die helle Farbe bevorzugt als Grund verwendet werden soll. Bunte Farben sollten mit unbunten Farben kombiniert werden.

Ein starker Hell-Dunkel-Kontrast führt jedoch bei der Nahwirkung zu einer schlechten Lesbarkeit, die Darstellung wirkt grell.

Ein gutes Beispiel für die Fernwirkung von Gelb sind die Firmenlogos von UHU Alleskleber und der Deutschen Post. Die gelben Telefonzellen waren im Stadtbild sofort sichtbar. Leider werden sie immer mehr durch die neuen Farben Grau und Rosa ersetzt.

Im Sport wird die gute Fernwirkung von Gelb z. B. beim gelben Trikot der Radrennfahrer und bei leuchtend gelben Tennisbällen genutzt.

4.7.1 Historische Bedeutung

Gelb – Die Farbe des Verrats

In Europa hat die Farbe Gelb eine negative Rolle in der Geschichte, sie wurde den Verrätern zugeschrieben. Hans Sachs dichtete: „Ein Verräter bist du, ein Gelber, friß deinen vergifteten Apfel selber“.

Gelb – Die Farbe der Geächteten

Im Mittelalter war Gelb die Farbe der Geächteten. Bettler, Prostituierte und Juden mussten gelbe „Schandflecken“ an ihrer Kleidung bzw. ganze Kleidungstücke in Gelb tragen.

4.7.2 Symbolische und psychologische Farbwirkung

Gelb – Die Farbe des Lichts und der Sonne

Die positive Wirkung von Gelb ist hauptsächlich in Verbindung mit der Sonne zu finden. Gelb wirkt strahlend, heiter und symbolisiert das Lustige und Lebensfrohe.

Licht ist farblos, dennoch wirkt es auf uns farblich gelb. Gelbe Lichtquellen wirken freundlich und warm. Ausnahmen sind kalt strahlende Lichtquellen wie der Mond oder Neonlicht.

Gelb – Die Farbe der Natur

Gelb ist die häufigste Blumenfarbe. Deshalb wird Parfüm meistens mit gelber Farbe versehen, es soll dadurch „blumig" wirken und an Blumen erinnern. Auch an reife Weizenfelder erinnert Gelb und schafft so die Verbindung zu Ernte und Sommer.

Gelb – Die Farbe der Weisheit

Gelb symbolisiert die idealisierte Erleuchtung, in vielen Religionen ist Gelb die Farbe der Weisheit. Eine gleiche Bedeutung findet sich bei den Begriffen „hell" und „klug". In der alten europäischen Symbolik steht Gelb für den Verstand.

Gelb – Die Farbe des Leichten

Gelb ist als Lichtfarbe mit Weiß verwandt. In Weiß und Licht steckt sprachlich gesehen „das Leichte". Daher ist Gelb die leichteste Farbe unter den bunten Farben. Dies wirkt so, da uns Gelb von oben bescheint und durchflutet.

Gelb – Die Farbe des Wertvollen

Die Farbe Gelb symbolisiert das Edelmetall Gold. Wenn das Schöne, Wertvolle gemeint ist, wird aus Gelb sprachlich Gold. Gelb, Gold und der Glanz sind sprachlich miteinander verwandt.

Gelb – Die Farbe des Giftes und des Neids

Die Farbe Gelb ist neben Grün die zweite Farbe des Giftigen. Hier ist sie mit dem Geschmack des Bitteren verbunden, das an Gallensäfte erinnert. Galle und Gelb gehören zur gleichen Wortfamilie. „Gift und Galle spucken" ist hierzu eine sinnverbindende Redewendung.

Über den grün-gelben Gallensaft können weitere symbolische Verbindungen geknüpft werden. So ärgert man sich, „bis die Galle überläuft", oder man wird „grün vor Neid". Biologisch begründet verfärbt sich die Haut bei permanentem Gallenüberschuss ins Grün-gelbliche. Auch wird Neid mit der Farbe Schwefelgelb in Verbindung gebracht.

Gelb – Die Farbe des Unsicheren und Unbeständigen

Geringe Mengen Staub nehmen Gelb die Leuchtkraft und lassen es schmutzig wirken. Es ist unbeständig, einen Hauch Rot, dann ist es ein Orange, eine Spur Blau, so wird es zu Grün. Selbst Weiß ist beim Beimischen von anderen Farben unempfindlicher als Gelb. Hierdurch wird Gelb zur Symbolfarbe des Unsicheren.

Goethe[37] schrieb hierzu:

> „Wenn die gelbe Farbe unreinen und unedlen Oberflächen mitgeteilt wird, wie dem gemeinen Tuch, dem Filz und der gleichen, worauf sie nicht mit ganzer Energie erscheint, entsteht eine solche unangenehme Wirkung. Durch eine geringe und unmerkliche Bewegung wird der schöne Eindruck des Feuers und Goldes in die Empfindung des Kotigen verwandelt und die Farbe der Ehre und

Wonne zur Farbe der Schande, des Abscheus und Mißbehagens umgekehrt..."[38]

Gelb – Die Farbe der Lüge und des Betrugs

Die Farbe der nicht entschuldbaren Lüge und Verlogenheit ist Gelb. Auch Johannes Itten[39] empfand die Farbe Gelb als eine negative Farbe. Eva Heller[40] zitiert ihn:

> „Wie es nur eine Wahrheit gibt, so gibt es nur ein Gelb. Getrübte Wahrheit ist kranke Wahrheit, ist Unwahrheit. So ist der Ausdruck des getrübten Gelb Neid, Verrat, Falschheit, Zweifel, Mißtrauen und Irresein."

Hier wird auch der Bezug zum Wahnsinn und Irresein angesprochen. Für Goethe[41] war es die Farbe der „Hahnreie" (der betrogenen Ehemänner).

Gelb – Die Farbe des Alten und Kranken

Bei Krankheit und im Alter wird das Augenweiß gelb, die Haut wird fahl und gelblich. In der Werbung wurde z.B. aus „vergilbt" das Wort „Gilb" für schmutziges altes Gelb geschaffen.

Die Maler Otto Dix und Toulouse-Lautrec verwendeten Gelbtöne, um das fortgeschrittene Alter und die Verlebtheit ihrer Charaktere in ihren Gemälden darzustellen.

Eva Heller[42] schreibt:

> „Gelb ist in der europäischen Farbsymbolik die Farbe des schlechten Ansehens, [und] in der Erfahrung ist Gelb die Farbe des schlechten Aussehens."

Gelb – Die Farbe der Warnung

In der modernen Farbsymbolik wird Gelb aufgrund seiner guten Fernwirkung als Warnfarbe verwendet. Anwendungen hierfür sind z.B. die Verkehrsampel, oder aber Symboliken mit Hinweis auf Giftigkeit, Radioaktivität und explosive Stoffe. Auch die gelbe Karte im Fußball zeugt davon.

Farbklänge mit Gelb

- Gelb – Schwarz steht für Unverstand und Unreinheit, da Schwarz alle Farben negiert.
- Gelb – Grün assoziiert über die farbliche Verbindung mit Zitrone und Limette einen sauren Geschmack.

4.7.3 Kulturelle Farbwirkung

Antike

Die alten Griechen stellten sich ihre Götter blond vor und bleichten deshalb ihre Haare. Hier spielt die göttliche Erleuchtung und das Idealisieren von Gelb zu Gold eine Bedeutung.

China

- Gelb ist aufgrund der Hautfarbe in der chinesischen Farbsymbolik die wichtigste Farbe.
- In Asien generell gilt Gelb als die Farbe der Glückseligkeit, des Ruhms, der Weisheit der Mitte.
- Gelb als stärkste und mächtigste Farbe ist männlich belegt und steht daher bei Kaiser, Staat und in der Religion im Vordergrund.
- Gelb steht als Symbol für Lebenskraft. Der Fluss Huang He (gelber Fluss) bringt fruchtbaren Lössstaub aus der Wüste Gobi auf die Ackerböden.

- Der Gelbe Kaiser (Huang Ti) wird heute noch als Sagengestalt und Kulturbringer verehrt. Auch werden in China gelbe statt rote Teppiche ausgerollt.
- In der chinesischen Schöpfungsgeschichte backte Gott Brot. Das eine war verbrannt, somit war es nicht makellos, das andere war noch weiß, daher zu hell und nicht wohlschmeckend und erst das Dritte war vollkommen. Es war gelb und hatte die richtige Backzeit. In dieser Schöpfungsgeschichte werden die unterschiedlichen Menschenrassen über ihre Hautfarben beurteilt. Die asiatische Hautfarbe wird als die schönste gewertet.
- Die chinesische Philosophie erklärt, dass das Schicksal der Welt immer vom Yin und Yang bestimmt wird. Das Yin und Yang ist eigentlich Gelb und Schwarz. Da das Symbol auf gelblichem Pergament abgebildet wurde, wurde es jedoch in der westlichen Kultur farblich falsch als Weiß und Schwarz interpretiert. Es steht für männliche Kraft und schöpferischen Geist (Yang) und weibliche Kraft, der passiv empfangende Teil (Yin). Yin und Yang ist das Prinzip der ergänzenden Gegensätze. Dem Yin und Yang wird in China alles zugeordnet, was lebt und was zum Leben gehört.
- In China ist im Gegensatz zu den westlichen Kulturen Gelb und Schwarz der größtmögliche Farbunterschied. Es wird zwischen den fünf Grundfarben Gelb, Rot, Grün, Weiß und Schwarz unterschieden.
- Gelb wird selbst Gold übergeordnet. „Gelbes Gold“ ist wertvoller als anders Goldlegierungen, es symbolisiert Treue und Unbestechlichkeit.

Christentum

In der christlichen Welt wird Gott als gelbes Dreieck mit einem Auge in der Mitte dargestellt.

England

Im Englischen ist Gelb („yellow“) ebenfalls wie im Deutschen mit Kreischen („to yell“) verwandt. Ebenso gehörten Gelb und die Eifersucht („jealousy“) zu einer Wortfamilie. In England bedeutet „yellow“ auch feige.

Frankreich

Die Franzosen nennen ein unsicheres Lachen ein „gelbes Lachen“ (= „rire jaune“). Auch die Eifersucht („jalousie“) ist hier sprachlich verwandt mit Gelb. Hier ärgert man sich „gelb“ („jaunir“). Auch Irrenhäuser („maison jaune“) werden sprachlich als gelb bezeichnet.

Islam und arabische Länder

Im Islam ist Gelb die Farbe der Weisheit und Erleuchtung.

Indien

In Indien ist Gelb die Farbe der Götter und der Herrscher. Der Gott Krishna trägt Gelb als Symbolfarbe.

Russland

Hier wird ein Irrenhaus auch ein „gelbes Haus“ („zeltyi dom“) genannt.

USA

- In Amerika hat man das „yellow ribbon", um an Bekannte und Verwandte zu denken, die im Krieg sind. Es symbolisiert die Verbundenheit zu den Angehörigen.
- Blondinen werden als „Goldie" bezeichnet. Hier werden die gelben Haare zu Gold idealisiert.

4.8 Violett/Purpur

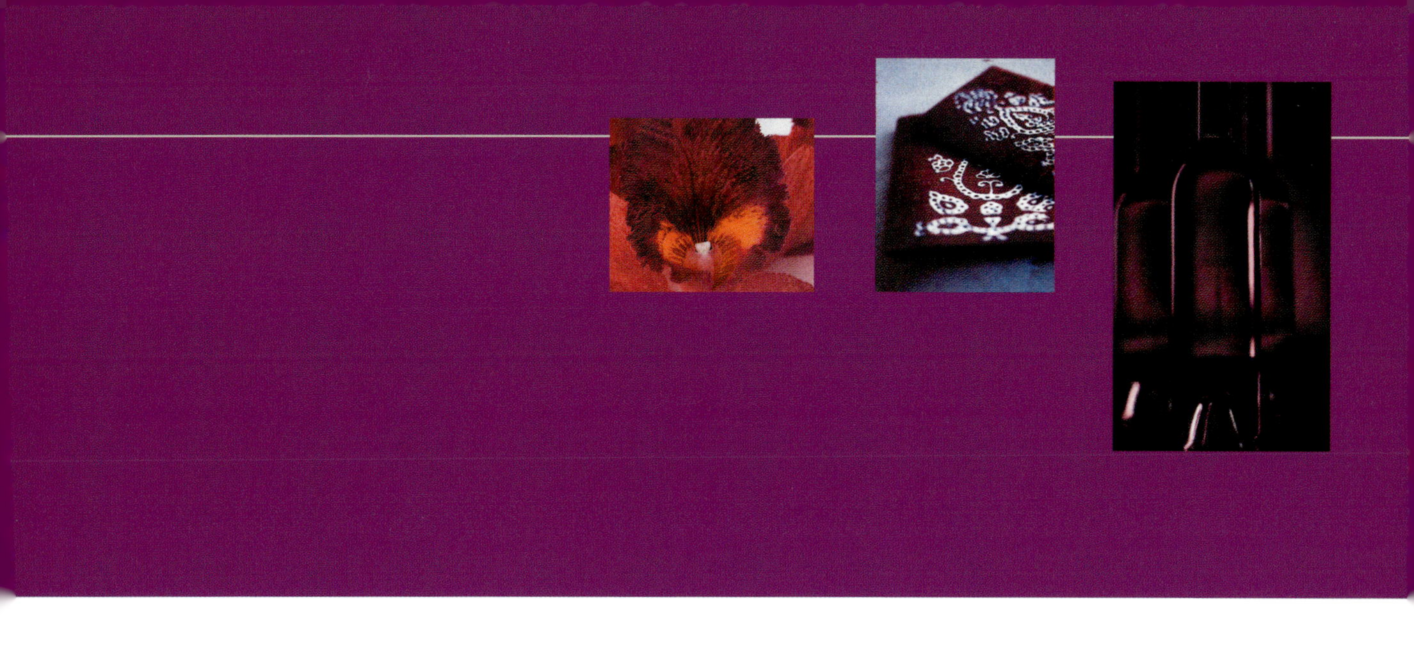

4.8 Violett/Purpur

Violett ist eine Mischung der Farben Rot und Blau. Gibt man dazu noch etwas Weiß, bekommt man die Farbe Lila. Im deutschen Sprachgebrauch wird oft zwischen Lila und Violett nicht richtig unterschieden, laut Eva Heller[43] ist dies in anderen Ländern viel selbstverständlicher der Fall.

Im Marketing wird die Farbe Violett oder Lila gerne verwendet. Je nach Aufmachung wirkt Violett elegant oder billig. Sie ist eine der beliebtesten Farben der Werbefachleute, da sie auffällt. Ein Beispiel hierfür ist Milka: die unkonventionell lila gefärbte Milkakuh weckt aufgrund der Farbverfremdung beim Betrachter Interesse.

Obwohl Violett und Lila bei Frauen allgemein sehr beliebt sind, finden diese Farben in der Mode eigentlich nur noch saisonale Verwendung.

In Verbindung mit technischen Anwendungen wirken die Mischfarben Violett und Lila unbeständig und unseriös und werden deshalb kaum verwendet.

4.8.1 Historische Bedeutung

Der Ursprung von Purpur

Der Farbstoff Purpur wurde aus dem Schleim der im Meer lebenden Stachelschnecken (lat. Murex Brandaris) gewonnen. Purpur wurde schon im Alten Testament als Kostbarkeit bezeichnet.

Um 300 nach Christus machte Kaiser Diokletian die Purpurfärberei zum kaiserlichen Monopol in Byzanz, dem späteren Konstantinopel. Nur über ihn kamen purpurgefärbte Stoffe ins Abendland. So war z. B. der Krönungsmantel für Karl den Großen ein Geschenk von Diokletian. Mit der Zerstörung der Stadt Konstantinopel, dem heutigen Istanbul, im Jahre 1453 durch die Türken, ging das Geheimnis der Purpurfärberei verloren.

Die dem Begriff Purpur zugeordnete Farbe wandelte sich im Lauf der Zeit von Violett nach Rot.

Violett in der Epoche des Jugendstils

Der Jugendstil war die einzige Epoche, die Violett als Raumfarbe schätzte. Hier wirkte Violett künstlich und dekadent, aber auch geheimnisvoll und verrucht.

Violett (Purpur) – Die Farbe der Buße und Fastenzeit

Katholische Bischöfe tragen violettfarbene Gewänder als Zeichen für Besinnung und Demut in der Buße- und Fastenzeit.

4.8.2 Symbolische und psychologische Farbwirkung

Purpur – Die Farbe der Macht

Aufgrund des historisch hohen Wertes der Farbe Purpur (siehe oben) wurde Purpur zur Farbe der Herrscher. So war z. B. der Krönungsmantel Karls des Großen purpur.

Purpur – Die Farbe der Ewigkeit

Purpur ist vollkommen lichtecht, die Farbe entsteht erst durch das Licht. Aufgrund dieser Beständigkeit wurde es zum Symbol der Ewigkeit. Dies hängt nicht zuletzt auch mit der Bedeutung der Farbe für weltliche Macht zusammen, aufgrund derer sich in der katholischen Kirche die Bedeutung für Ewigkeit und Gerechtigkeit entwickelt hat.

Violett – Die Farbe der Gewalt

Zwischen Violett und Gewalt besteht ein sprachlicher Zusammenhang. Eva Heller[44] meint hierzu, dass der Bezug zu den antiken Herrschern, die Purpur trugen, diese Assoziation hervorgerufen hat. Das lateinische Wort für Veilchen ist „Viola“. Die Gewalt heißt im lateinischen „Violentia“ und „violare“ bedeutet schänden, in England und Frankreich heißt die Gewalt „violence“ bzw. „violation“.

Violett – Die Farbe der Mäßigung

Schon im Altertum war das Veilchen die Blume der Mäßigung. Man hoffte, bei Trinkgelagen keine Kopfschmerzen zu bekommen, wenn man sich Veilchenkränze aufsetzen würde. Die gleiche Wirkung wird dem violetten Halbedelstein Amethyst zugeschrieben. Er sollte gegen Trunkenheit bei Alkoholgenuss helfen. Das besagt auch der altgriechische Namen des Halbedelsteines: „Amethysos“ bedeutet „nicht trunken“.

Violett – Die Farbe der Täuschung und Untreue

Alle Mischfarben werden als zweideutig und unsachlich empfunden. Ist Violett nun rötlich oder bläulich? Ein Farbeindruck, der im Regelfall vom Lichteinfall abhängig ist. So wird die Farbe zum Symbol für Täuschung und Untreue.

Violett – Die Farbe des Geheimnisvollen

Die Farbe Violett wirkt geheimnisvoll. Sie lässt Tiere, wie z. B. Katzen und Fledermäuse, „magisch und rätselhaft“ wirken.

Eva Heller[45] vermutet, dass die Farbe Violett in Verbindung mit der Magie die frühere Gleichbedeutung von Zauberern, Magiern, Druiden und Priestern ausdrückt, die violette Gewänder trugen.

Lila – Die Farbe der reifen Frau

Die symbolische Verwendung der Farbe Lila für altjüngferliche Frauen wurde im Klassizismus geprägt.

Zur Zeit Goethes wurde in der Mode erstmals in Frauen- und Männerfarben unterschieden, so trugen unverheiratete Frauen damals Pastellfarben. Da ältere Frauen nicht das der Jugend vorbehaltene Rosa tragen konnten, kam hier das kräftige Lila zur Verwendung. So wurde Lila spöttisch zur „Altweiberfarbe" im Sinne von „die letzte Versuchung". Diese negative Farbbedeutung hielt sich bis heute.

Aus diesem Grund wird die Farbe Lila auch gern für kosmetische Produkte eingesetzt, insbesondere für die Zielgruppe der reiferen Frauen. Lila steht hier für die Attribute von Extravaganz und künstlicher Schönheit.

Daher meint Eva Heller[46], dass es besser wäre, die Idee der Verjüngung in Grün zu verpacken.

Violett – Die Farbe der Emanzipation

Violett ist die Farbe der Emanzipation. Sie ist eine Mischfarbe zwischen einer weiblichen und männlichen Farbe und steht somit zwischen den Geschlechtern.

Violett – Die Farbe der weiblichen Sensibilität und des Charmes

Über die feministische Bewegung hinaus wurde Violett die neue Farbe der Weiblichkeit. Violett ist die Farbe der Sensibilität und des Charmes, beides positive weibliche Eigenschaften.

Farbklänge mit Violett

- Violett – Rosa – Gold ist der Farbklang der Eitelkeit.
- Violett – Rot ist die Wollust.
- Violett – Rot – Rosa ist der Farbklang der Sexualität.
- Gold – Violett symbolisiert die verderblichen Seiten des angenehmen Lebens. Hier steht Gold für die positive Seite des Genusses und für Stolz, Violett für Maßlosigkeit und Überheblichkeit.

4.9 Rosa

4.9 Rosa

Die Farbe Rosa wird von Frauen gemocht und von Männern nicht. Es ist die einzige Farbe, bei der sich die Geschlechter in der Farbanalyse stark unterscheiden.

In ihrer Wirkung ist die Farbe Rosa extrem von anderen Farben abhängig. Es ist eine Mischung aus einer warmen und einer kalten Farbe. Neben Weiß wirkt es blass, neben Schwarz wirkt es kräftig, neben Rot wirkt es rötlich, neben Gelb wirkt es warm und neben Blau wirkt es kühl. Durch diese Eigenschaft symbolisiert es den Kompromiss und die Anpassung.

Rosa wechselt beim Kombinieren mit anderen Farben extrem seine Aussage.

Für die Gestaltung von Webseiten eignet sich die Farbe Rosa gut, insbesondere auch dann, wenn die dargestellten Inhalte auf den ersten Blick nicht zu der Farbe passend scheinen.

Rosa wirkt also besonders gut, wenn es gegen die konventionellen Erwartungen komponiert wird. Ein Beispiel hierfür ist der rosarote Panther.

4.9.1 Historische Bedeutung

Rosa – Die Farbe des Rokoko

Das Rokoko war die Epoche der Mischfarben. Da sich im 18. Jh. auch Bürger farbige Kleidung leisten konnte, bevorzugte der Adel Mischfarben, um sich abzuheben. Da Mischfarben meist helle Pastelltöne ergeben, war die Kleidung schmutzempfindlich.

4.9.2 Symbolische und psychologische Farbwirkung

Rosa – Eine männliche Farbe? Oder eher eine weibliche?

Früher stand die Farbe Rosa als abgeschwächtes Rot für Männlichkeit (vgl. auch Farbe Rot). Dass Rosa früher eine männliche Farbe war, kann an zwei traditionellen Zeitungen gezeigt werden: die internationale „Financial Times“ sowie die italienische „Gazetta dello Sport“. Beide sind auf rosa Papier gedruckt und auch ihre Internetauftritte sind in Rosa gehalten.

Erst mit der Mode der Babyfarben um 1930 bekam Rosa seine eher weibliche Bedeutung. Ihm werden typisch weibliche Eigenschaften zugeschrieben, wie z. B. Charme, Höflichkeit, Sanftheit,

Bescheidenheit, Empfindsamkeit, aber auch die Unsicherheit.

Rosa – Die Farbe der Zärtlichkeit

Leidenschaftliche Gefühle sind rot. Rosa symbolisiert eher die sanften und zarten Gefühle. Es ist die Farbe der Zärtlichkeit.

Rosa – Die Farbe der Träumerei

Rosa ist auch die Farbe des Unrealistischen und der Schwärmerei bis hin zum Kitschigen. Eine oft angewandte Redewendung ist, „etwas durch eine rosarote Brille zu sehen“, oder man „schwebt auf rosa Wolken“.

Rosa ist die „Bonbonfarbe“ schlechthin. Keine andere Farbe passt besser zu Süßspeisen. Die Geschmackserwartung bei Rosa ist süß und die Geruchserwartung der Duft von Rosen.

Im übertragenen Sinn wirkt Rosa deshalb süßlich und lieblich.

Rosa – Die Farbe der Homosexualität

In der heutigen Zeit ist Rosa auch die Farbe der männlichen Homosexualität. Diese Assoziation könnte sich sowohl aus dem oben angeführten Wandel der Bedeutung von männlich zu weiblich ergeben haben, als auch durch seine Symbolik für Zärtlichkeit.

Farbklänge mit Rosa

- Weiß – Rosa ist im Gegensatz zu der Farbe Violett die Unschuld.
- Braun – Rosa wirkt gemütlich und geborgen.
- Rosa – Violett ist der Farbklang des Eitlen. In Kombination mit anderen Mischfarben verliert Rosa seine Unschuld. Es wird unsachlich und unnatürlich.
- Rosa – Grün steht für das Kindliche und Naive. Grün ist die Farbe des vegetativen Lebens und Rot die Farbe des animalischen. Rosa ist die Farbe des jungen Lebens. Hier sind alle Aspekte des Wachstums vereint. Dieser Farbklang steht auch für jung, angenehm, frisch.

4.10 Orange

SCOTTISH F-ME
ORGANISA

4.10 Orange

Orange ist trotz seiner warmen Ausstrahlung eine relativ unbeliebte Farbe.

In der europäischen Kultur hatte die Farbe Orange immer nur eine untergeordnete Stellung als Mischfarbe. Orange wurde bei einer Umfrage von 22 % der Befragten mit Begriffen wie „aufdringlich“ und „extrovertiert“ beschrieben.

Orange wird in der Wahrnehmung oft verdrängt. Ein Beispiel hierfür ist die Morgenröte, da die Morgensonne eigentlich Orange ist, wenn sie am Horizont auftaucht. Oder warum heißen die Karotten auch „Gelbe Rüben“?

Orange strahlt eine billige Künstlichkeit aus, da die Farbe meist mit Kunststoff in Verbindung steht. Die Farbe Orange ist daher nicht für Luxusartikel geeignet. Der Grund, warum trotz der eher ablehnenden Haltung in der Bevölkerung in den Siebzigern so viele Produkte in Orange hergestellt wurden, ist laut Eva Heller[47] der, dass die Verbraucherwünsche nicht genügend erforscht wurden und die Werbebranche sich nur gegenseitig imitiert hat.

Orange im Sinne von Rot als Signalfarbe wird laut Eva Heller[48] vom Verbraucher aufgrund der Übersättigung nicht mehr aufgenommen, weshalb man auf Orange im Grafikdesign am besten verzichten sollte.

Derzeit wird Orange in vielen Medien (Internet, Fernsehen) eingesetzt, wobei es hier weniger um die Signalwirkung geht, als vielmehr um positive, warme Eigenschaften und Lebensfreude. Dies ist jedoch eher eine vorübergehende Modeerscheinung.

4.10.1 Historische Bedeutung

Orange – Die goldene Frucht

Die Orangenfrucht stammt aus Indien, sie wird dort „nareang“ genannt. Über Arabien, dort heißt sie „naranag“, kam die Frucht nach Europa. In Spanien nennt man Orangen „naranja“. Als die Franzosen die Frucht entdeckten, änderten sie das erste „a“ in ein „o“. Hierdurch gelangte das französische Wort „or“ (= Gold) in den Begriff, die „Goldfrucht“ war geboren.

Bevor die Orangenfrucht nach Europa kam, gab es keinen Begriff für diese Farbe. In vielen Sprachen ist der Name der Frucht mit dem Namen der Farbe identisch. Mit Orange verbindet man auch immer der Geschmack der Orangenfrucht.

4.10.2 Symbolische und psychologische Farbwirkung

Orange – Die warme Farbe

Orange ist erhellend und erwärmend, die ideale Mischung, um Geist und Seele zu erfreuen. Es strahlt Wärme und Licht aus. Wird Orange verschmutzt, so wirkt es im Gegensatz zu Gelb nicht wirklich schmutzig, sondern eher gedeckt und trüb.

Orange – Die Farbe des Vergnügens

Orange ist die Farbe des Vergnügens, des Lustigen und der Geselligkeit, es steht für positive Lebensfreude. Diese Wirkung erklärt Eva Heller[49] damit, dass die Farbe Orange komplementär zu Blau ist. Blau steht für das Geistige, Stille, Nachdenkliche, Orange ist hierzu der Gegenpol.

Orange – Die Farbe der Sicherheit

In der modernen Farbsymbolik ist Orange aufgrund seiner Signalwirkung eine Sicherheitsfarbe. So tragen z. B. Müllmänner und Straßenarbeiter orangefarbene Sicherheitswesten, um heranfahrende Fahrzeuge zu warnen. Bei leicht entzündlichen, explosiven oder giftigen Stoffen werden orangefarbene Symbolaufkleber als Warnhinweis angebracht.

Farbklänge mit Orange

- Rot – Orange – Gelb ist der Farbklang der Energie und Aktivität sowie der Aufregung und Begierde.
- Rot – Orange – Braun als Kombination ausschließlich warmer Farbtöne steht für die Wärme.

4.10.3 Kulturspezifische Bedeutung

Buddhismus

Zur gleichen Zeit wie Konfuzius lebte auch Buddha (560–480 v. Chr.), der indische Religionsstifter. Im Buddhismus ist Orange die Farbe der Erleuchtung. Da dies im Buddhismus die höchste Stufe der menschlichen Vollkommenheit darstellt, steht Orange auch für die Farbe des Buddhismus selbst. Buddhistische Mönche kleiden sich in orangefarbene Gewänder. Der Goldfisch ist das wichtigste Symbol dieser Religion, er symbolisiert ebenfalls Erleuchtung.

China

Orange ist die Farbe des Wandels und steht zwischen der Vollkommenheit (Gelb) und dem Glück (Rot), sie verbindet Feuer und Licht sowie Sinnlichkeit und Geistlichkeit. Die Idee des Wandels ist die Grundlage des sog. Konfuzianismus, der über 3000-jährigen chinesischen Staatsreligion und Lebensphilosophie.

Europa

In Europa wurden im Mittelalter nur reine Farben als schön wahrgenommen, Orange wird man daher auf wenigen Gemälden als Kleiderfarbe finden. Wie stark die Gesellschaft die Farbe Orange ablehnte, wird auch dadurch deutlich, dass Orange in der sog. Heraldik (= Wappenkunde) als Farbe verboten war. Dort wurde sie jedoch nicht Orange, sondern nach dem gleichnamigen Edelstein „Hyazinth“ genannt.

Auch Johann Wolfgang von Goethe[50] war von Orange nicht begeistert. Er lebte in der Zeit der gedeckten Farben. Er bezeichnete sie als aufdringlich und unzivilisiert, für ihn war „hohes Gelbrot" oder „Scharlachrot" die Farbe Orange. Er schrieb:

> „Die aktive Seite ist hier in ihrer höchsten Energie, und es ist kein Wunder, dass energische, gesunde, rohe Menschen sich besonders an dieser Farbe erfreuen. Man hat die Neigung zu derselben bei wilden Völkern durchaus bemerkt."

und

> „Auch habe ich gebildete Menschen gekannt, denen es unerträglich fiel, wenn ihnen an einem sonst grauen Tage jemand im Scharlachrock begegnete."

Orange ist auch heute noch eine exotische Farbe. So schreibt Eva Heller[51], dass Männer nur sehr ungern orangefarbene Kleidung tragen.

Frankreich

In Frankreich ist das Gelb in der Ampel ein „feu orange", obwohl es wie in Deutschland gelb ist.

Indien

Neben der buddhistischen Bedeutung (siehe oben) spielt Orange in Indien generell eine wichtige Rolle:

- Die Hautfarbe der Menschen sowie ihrer Götter wird als Orange gesehen. Daher kennt man in Indien viele unterschiedliche Orangetöne. Was dort als Orange bezeichnet wird, ist bei uns meistens unter Gelb eingeordnet, wie z. B. Safrangelb.
- Die indische Flagge ist Orange – Weiß – Grün. Die Farbe bedeutet hierbei im politischen Sinne Mut und Opferbereitschaft.

Irland

Über den Oranier Wilhelm III. bekam Irland sein Orange in die Nationalflagge. Es steht für die Protestanten und für den Kampf gegen die Katholiken. Zwischen dem Orange für die Protestanten und dem Grün als Nationalfarbe Irlands und als Farbe der Katholiken steht Weiß als Friedenspuffer. Dennoch ist Orange in Irland eine unbeliebte Farbe.

Niederlande

- Die Farbe Orange ist die Nationalfarbe der Niederländer, da sie die Farbe des Königshauses, der sog. Oranier, ist. Diesem Adelshaus entsprangen ursprünglich die Fürsten der Provencestadt Orange.
- Die niederländische Flagge ist zwar Rot – Weiß – Blau, doch war das Rot ursprünglich ein Orange. Sprachlich wird die Flagge aber immer noch als „oranje – blanje – bleue" bezeichnet.
- Auch heute ist Orange noch eine äußerst beliebte Farbe in den Niederlanden. So sind z. B. die Trikots der Fußballnationalmannschaft orange.

Spanien

Im Spanischen bezeichnet ein Mann seine Ehefrau (seine bessere Hälfte) als „media naranja" (= orangefarbene Hälfte).

4.11 Braun

4.11 Braun

Braun ist die dunkelste Farbmischung. Durch die Mischung der Grundfarben Rot, Blau und Gelb ist der Charakter derselben nicht mehr erkennbar.

Braun ist diejenige Farbe, die am heftigsten abgelehnt wird. Laut Eva Heller[52] wird dies durch 29% aller befragten Frauen und 24% aller Männer bestätigt.

Allerdings ist Braun als Raumfarbe wiederum sehr beliebt. So wird es in Holzverkleidungen, als Teppichboden oder als Kleiderfarbe recht gern angenommen.

Braun als Werbefarbe passt nur zu wenigen Naturprodukten, wie z. B. Tabak, Kaffee, Leder und Holz. Hier kann es dann auch gut und werbewirksam eingesetzt werden.

4.11.1 Historische Bedeutung

Braun – Die Farbe der Armut und der Arbeiter

Im Mittelalter war Braun die Farbe der Armen, da sie ihre Kleidung nicht färben konnten und sie somit naturbelassen tragen mussten. Mit Farbe wurde Macht und Reichtum signalisiert. Das ästhetische Ideal der reinen Farbe galt so lange, wie diese teuer waren. Im 18. Jh. wurden die Farben erschwinglich, so dass der Adel auf kostspieligere Mischfarben umschwenkte.

Auch steht Braun für die arbeitende Bevölkerung. So wurde in der Minnedichtung Braun als das Symbol des arbeitenden Mädchens sowie der verschwiegenen Liebe und als Farbe der Untreue eingesetzt. Braune Leute waren also arme oder arbeitende Leute, Bernstein war der Schmuckstein der armen Leute.

Folgender Text eines Volkslieds bezieht sich ebenfalls auf diese Symbolik:

> „Schwarzbraun ist die Haselnuß, schwarzbraun bin auch ich, schwarzbraun soll mein Madel sein. Gerade so wie ich."[53]

Braun – Die Farbe des Nationalsozialismus

Im Nationalsozialismus war Braun die Farbe des Volkes und der Partei. Braun war damals die gängige Männermodenfarbe, der Alltagsanzug war braun. Somit musste niemand ein neues Hemd kaufen, wenn er in diese Partei eintreten wollte.

4.11.2 Symbolische und psychologische Farbwirkung

Braun als Lebensmittelfarbe

Bei Nahrungsmitteln hat Braun sowohl positive als auch negative Bedeutung, was prinzipiell vom Kontext und den jeweiligen Erfahrungen abhängt. Bei Lebensmitteln wie Kaffee, Brot und Angebratenem wirkt Braun knusprig, wohlschmeckend und aromatisch. Auf der anderen Seite wird mit Braun auch Fäule und Verdorbenes assoziiert.

Interessant ist, dass Lebensmittel mit von der Norm abweichenden Farben nur sehr schlecht angenommen werden.

Braun – Die Farbe der Geborgenheit

Als Raumfarbe wirkt Braun gemütlich und geborgen. Dort ist es die Farbe der „nicht zu heißen Wärme". Es ist die Farbe der rustikalen Materialien, wie z. B. Holz, Leder. Braun ausgestattete Räume wirken zwar eng, was aber auch Geborgenheit vermittelt.

Braun – Die Farbe der Demut

Der freiwillige Verzicht auf die Kraft der Farbe macht Braun in der christlichen Kirche zur Farbe der Demut. So trugen Mönche braune Kutten. Diese waren bei Bettelmönchen ungefärbt und naturbelassen, bei reicheren Klöstern hingegen waren diese gleichmäßig eingefärbt, um so den Reichtum eines Kloster darzustellen.

Braun – Die Farbe des Konservativen und der Mittelmäßigkeit

Die Farbe Braun steht für das Konservative, das Spießige und Biedere. Es ist mittelmäßig. In Braun verschwindet jegliche Individualität der Grundfarben, weswegen es auch langweilig wirkt. Braun wird auch nie als „edle Farbe" betitelt, der Widerspruch wäre zu groß. In den USA sagt man auch „I'm browned off", wenn man sich „langweilt".

Braun – Die Farbe des Vergänglichen

Braun ist auch die Farbe des Vergänglichen. In der Natur ist der Herbst die Zeit des welken Braun. Es ist auch die Farbe des Alterungsprozesses bei Papier und anderen Stoffen, die vergilben. Holz und Leder bekommen einen dunkleren Farbton. Braun ist die Patina.

Sicherlich hängt die oben erwähnte Unbeliebtheit von Braun auch damit zusammen, dass man bei Braun schnell an Exkremente und Dreck denkt. Mit Braun assoziiert man also häufig die „negative" Seite des Körperlichen.

Braun – Die Farbe der Faulheit

Abgeleitet von dem Verdorbenen und Verfaulten wird mit Braun auch Faulheit und Völlerei assoziiert, zwei christliche Todsünden. Es steht auch für das Böse, Schlechte und die Schuld, da Braun die dunkelste Farbmischung ist.

Braun – Die Farbe der Dummheit

Es ist auch die Farbe der Dummheit, so wird sie auch als hässliche Farbe gesehen. Eva Heller[54] zitiert Arnold Rabbow[55], der sich mit der Farbwahl der NSDAP beschäftigte. Dabei erhebt er die Frage, ob hinter dieser ungewöhnlichen Uniformfarbe eine unbewusste Selbstdarstellung der geistigen Qualitäten der NSDAP-Schlägertrupps vermutet werden darf. Er schreibt;

> „Ob die SA sich wirklich nicht bewusst war, zu welchen derb-drastischen Assoziationen beispielsweise ihr Sturmlied „Wir sind des Führers brauner Haufen" geradezu herausforderte?"[56]

4.12 Weiß

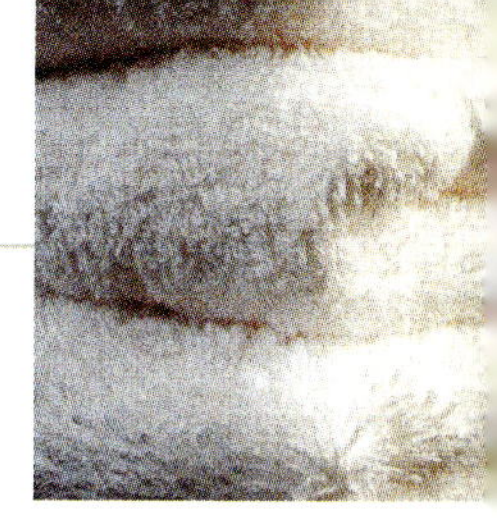

4.12 Weiß

Weiß ist physikalisch gesehen keine Farbe, sondern die Summe aller Farben des Lichts. Weiß wird auch als unbunte Farbe bezeichnet.

Die Farbe Weiß ist die vollkommenste aller Farben, so sehen das zumindest die Völker mit einer hellen Hautfarbe. Mit Weiß verbinden wir kaum eine negative Eigenschaft.

Sprachlich ist die Farbe Weiß mit dem Weizen verwandt, der wichtigsten Nahrungspflanze für den Menschen. Das wird im Englischen und Schwedischen deutlich sichtbar: „White" und „wheat", „vit" und „vete".

Auch besteht ein sprachlicher Bezug zwischen Weiß und glänzend: So heißt Weiß auf französisch „blanc" und auf italienisch „bianco"; dem entspricht wiederum das deutsche Wort „blank". Im Griechischen heißt Weiß „leukos", daher das deutsche Wort für „leuchten". Hier wird die Assoziation zum Licht hergestellt.

Heute sind wir der Farben eher überdrüssig, daher wird Weiß als elegant und als das Leichte gesehen. Ein vorsichtiger Umgang ist trotzdem ratsam, da Weiß sehr schnell kalt wirkt. Durch die Farbe Weiß werden andere Farben, die gleichzeitig zum Einsatz kommen, verstärkt.

4.12.1 Historische Bedeutung

Weiß in der Kleidung des 19. Jahrhunderts bis heute

Nach der französischen Revolution wurde Weiß eine Modefarbe, einfache Kleidung im Stil des griechischen Altertums waren angesagt. Was damals allerdings nicht bekannt war, ist, dass die Griechen keineswegs nur weiß gekleidet waren. In der Antike waren sehr auffällige Farben beliebt. Da aber die Farbe an den Tempelruinen verschwunden war, dachte man, das Altertum hätte sich auf ausschließlich weiße Farben in der Architektur wie auch in der Mode beschränkt.

Goethe[57] schreibt in seiner Farblehre zur Mode im 19. Jahrhundert:

> „Die Frauen gehen nun fast durchgängig weiß, und die Männer schwarz."

Das einzige Überbleibsel aus dieser Epoche ist das weiße Brautkleid, es wurde zur Weltmode und hat sich bis heute als Tradition in westlichen Ländern gefestigt.

Bei der Herrenmode war der weiße Kragen und das weiße Hemd bis in die 70er Jahre sichtbarer beruflicher Status. Erst danach wurden auch bunte Herrenhemden modisch. Aber auch heute gilt noch: je höher der berufliche Status, um so wahrscheinlicher ist es, dass ein weißes Hemd getragen wird.

Weiß – Die Farbe der Kapitulation

Große politische Bedeutung hat Weiß als Farbe der Kapitulation. Wer die „weiße Fahne" hisst, ist zu Verhandlungen bereit.

4.12.2 Symbolische und psychologische Farbwirkung

Weiß – Eine weibliche Farbe

Weiß steht für leise, aber auch farblos und kraftlos, weshalb Weiß als weiblich angesehen wird. Auch die Mädchennamen „Bianca" oder „Blanche" (= „die Weiße") weisen darauf hin.

Weiß – Die Farbe der Unschuld und der Wahrheit

Weiß ist die Farbe der Unschuld. Weiße Tiere wurden zu Opfertieren, um menschliche Schuld zu büßen, wie z. B. weiße Lämmer. In der christlichen Bildersprache steht die „weiße Lilie" für die unbefleckte Empfängnis.

Die „weiße Weste" stellt im übertragenen Sinn ein untadeliges Verhalten dar (oder aber es ist schwer, das Gegenteil zu beweisen).

Im Zusammenhang mit der Unschuld und der symbolischen Bedeutung von Reinheit steht Weiß auch für die Wahrheit.

Weiß – Die Farbe der Reinheit

Äußere Sauberkeit und innere Reinheit sowie Hygiene wird ebenfalls von Weiß symbolisiert. Der Grund hierfür ist sicherlich auch, dass man auf Weiß den geringsten Dreck sofort sehen würde. Heute ist Berufskleidung weiß, wenn Hygiene wichtig ist.

Durch die Sauberkeit und Hygiene kommt es zur einzigen negativen Assoziation von Weiß. Man verbindet mit Weiß die weiße Krankenhauseinrichtung und somit das Kranksein und die Sterilität.

Die Reinheit kann hierbei aber auch symbolisch gesehen werden, woraus sich wiederum die oben angeführte Bedeutung von Unschuld und Wahrheit aufdrängt.

Weiß – Die Farbe der Leere

Die Farbe Weiß symbolisiert auch die Leere und Einsamkeit. Auf alten Landkarten bedeuten weiße Areale unentdeckte Gebiete. Wenn man eine Wissenslücke hat, spricht man auch von einem „weißen Fleck".

Weiß – Die Farbe der Sachlichkeit und Kälte

Der Sachlichkeit und Funktionalität wird ebenfalls Weiß zugeordnet. Alle Emotionen sind herausgenommen, keine Farbe ist vorhanden.

Weiß ist auch die Farbe der Kälte, da sie unwillkürlich mit Winter, Schnee und Eis in Verbindung gebracht wird. So ist „der weiße Tod" der Tod durch Erfrieren. Im übertragenen Sinn bedeutet diese Kälte aber auch Gefühlskälte und Stolz, wodurch wiederum der Bezug zur Sachlichkeit hergestellt ist.

Farbklänge mit Weiß

- Weiß – Gold – Blau ist der Farbklang des Vollkommenen, des Idealen und des Guten.
- Rosa – Weiß steht für das Sanfte, das Zarte, die Sensibilität.

4.12.3 Kulturspezifische Bedeutung

Ägypten

Bei den Ägyptern war Weiß die Farbe der Freude und des Glücks.

China und Asien

- In der chinesischen Farbsymbolik gehören Weiß und Schwarz zur Weiblichkeit. Schwarz ist die Geburt, Weiß der Tod.
- In Asien ist Weiß Trauerfarbe. Es soll den Verzicht auf die Selbstdarstellung zeigen, man legt keinen Wert auf die Kleidung, die Trauer ist wichtiger. Früher war Weiß auch in Europa die Farbe der Trauer.

England

Im Englischen bedeutet „white" auch „anständig sein" und „white lie" ist eine Notlüge. Vermutlich beziehen sich diese Redewendungen auf die Symbolik von Unschuld.

Indien

In Indien gelten weiße Rinder als Verkörperung des Lichts. Sie sind die Verbindung zum Göttlichen.

Weiß in der Religion

- Weiß ist in vielen Religionen die Farbe der Götter, da die Farbe Weiß das Licht, das Reine und die Unschuld symbolisiert. Weiß wurde zur Farbe der Priester.
- In der griechischen Mythologie zeigt sich Zeus immer in Weiß.
- Indische und japanische Priester kleiden sich in weiße Gewänder.
- Im Buddhismus ist die weiße Lotusblüte Zeichen der Auferstehung.
- Weiß ist die höchste Farbe in der katholische Kirche, sie ist dem Papst vorbehalten. An den höchsten christlichen Festtagen Ostern, Weihnachten und den Marienfesten wird auch im Gottesdienst weiß getragen.
- Weiß symbolisiert den Anfang und die Auferstehung. Der Anfang der Welt ist auch der Beginn des Bösen und somit die Überwindung des Unreinen. Da Weiß die Farbe der Auferstehung ist, wird Jesus Christus immer in weißer Kleidung gezeigt. Tote werden meist in weißer Kleidung beerdigt.

4.13 Grau

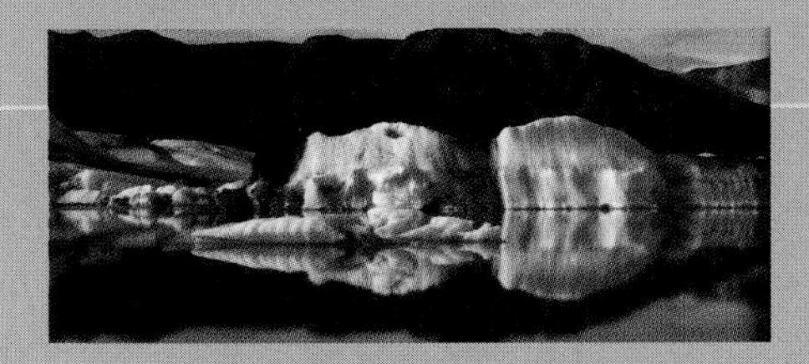

4.13 Grau

Grau ist die Farbe des Mittelmaßes ohne Charakter, ein beschmutztes Weiß oder unvollkommenes Schwarz.

Grau ist konformistisch!

Wie die Helligkeit der Farbe Grau auf den Betrachter wirkt, hängt stark von der umgebenden Farbe ab. Daher ist es sehr wandlungsfähig, wirkt aber auch schnell unsicher.

Die Farbe Grau wirkt elegant und ist für das Webdesign gut verwendbar. Man sollte jedoch darauf achten, dass der Gesamteindruck des Designs nicht ins Langweilige abdriftet.

4.13.1 Historische Bedeutung

Die „graue Eminenz"

Die sog. „graue Eminenz" ist eine Person mit heimlicher Macht. Sie steuert die Dinge aus dem Hintergrund und schickt Lakaien zur Durchführung des Beschlossenen.

Ursprung dieses Ausdrucks ist der Baron François le Clerc du Tremblay (1577–1638), der auch „Eminence grise" genannt wurde. Er ging gegen den Willen seiner Familie als Kapuzinermönch ins Kloster. Dort wurde er Beichtvater und engster Berater Richelieus und somit heimlicher Herrscher Frankreichs.

4.13.2 Symbolische und psychologische Farbwirkung

Grau – Die elegante Farbe

Grau wirkt hauptsächlich dann elegant, wenn hochwertige Materialien Verwendung finden und die Farbe eine gleichmäßige Struktur aufweist. Ein Beispiel hierfür ist der Herrenanzug des viktorianischen Zeitalters, der bis heute kaum verändert als Anzugsmode erhalten blieb und zu jedem Anlass Verwendung findet.

Grau – Die Farbe des Unscheinbaren

Die Farbe Grau steht für unscheinbar, unsicher und verschlossen. Es symbolisiert eine Mentalität ohne oder aber der verschlossenen und unzugänglichen Gefühle. Die „graue Maus" ist eine unscheinbare Person, ein Mensch unter vielen.

Der Stoff matt, die Farben unauffällig – angepasste Mittelmäßigkeit ist das Ideal der Herrenmode. Eva Heller[58] zitiert Hans Adolf Bühler[59]:

> „Grau innen und außen, so sieht der zeitungslesende Mensch von heute aus."

Grau – Die Farbe des Trüben und der Eintönigkeit

Novemberwetter mit Nebel sowie Tristesse und Melancholie gehören zu Grau. Im übertragenen Sinn ist auch der Alltag grau, selbst wenn die Sonne scheint.

Grau ist die Farbe der Sorgen und Langeweile, die Farbe aller trüben Gefühle. Wer Sorgen hat, bekommt ein fahles Gesicht und graue Haare.

Grau – Die Farbe der Pünktlichkeit

Grau ist laut einer Umfrage von Eva Heller[60] bei 20 % der Befragten die Farbe der Pünktlichkeit. Da Grau überwiegend negativ belegt ist, schließt sie hieraus, dass diese Tugend eher eine unbeliebte Eigenschaft ist.

Grau wird auch mit Bürokratie assoziiert, was aber auch mit der Bedeutung des Trüben und der Eintönigkeit zusammenhängen kann.

Grau – Die Farbe des Grauens

Das Grauenhafte, das Grauen und grausam ist sprachlich mit der Farbe Grau verwandt. So ist ein gräulicher Mensch in der alten Sprache ein grässlicher Mensch.

Die Assoziation von Grau mit Grauen und Grausamkeit hängt sicherlich (auch) mit der unbunten Eigenschaft der Farbe Grau zusammen: Wie die Farben von Grau, so werden auch die Gefühle vom Grauen zerstört.

Grau – Die Farbe des Minderwertigen

Grau drückt auch Minderwertigkeit aus, da es die Farbe des Schimmels und des Abfall ist. Alles was ursprünglich weiß war, ist in Grau nur noch minderwertig. Sogar Edles wie grauer Marmor wird minderwertiger gesehen als weißer Marmor.

Grau – Die Farbe des Alters

Das Alter und das Alte ist grau, was sicherlich damit zusammenhängt, dass alle Menschen im Alter graue Haare bekommen. Interessant ist, dass trotz weißer Haare Weiß nicht mit Alter assoziiert wird.

Früher wurde das Alter mit Eigenschaften wie „weise" und „ehrwürdig" belegt, heute werden jedoch eher Eigenschaften wie „altmodisch" und „pflegebedürftig" assoziiert. Da wir heute in einer von Jugend geprägten Gesellschaft leben, ist der Begriff von Alter und alten Leuten eher negativ belegt.

Grau – Die Farbe der Vergangenheit

Die „graue Vorzeit" ist eine Vergangenheit, die, im Gegensatz zu den „goldenen Zeiten" eher als unangenehm empfunden wurde. Da Staub und Asche grau sind, ist Grau das Symbol der Vergangenheit. Asche ist das Symbol der Zerstörung.

Farbklänge mit Grau

- Grau – Braun ist der Farbklang der Dummheit und Faulheit.
- Weiß – Grau steht für die Neutralität.
- Grau – Blau – Schwarz steht für die Nachdenklichkeit. In der „grauen Gehirnsubstanz" sitzt der Verstand. Hier wird Grau auch zur Farbe der Theorie.

4.13.3 Kulturspezifische Bedeutung

Frankreich

Wenn ein Franzose „gris“ ist, also grau, dann ist er vom Alkohol benebelt. Ist er „noir“ (= schwarz), dann bedeutet das soviel wie „stockbesoffen“.

Grau in der Religion

Die Zisterziensermönche (1134 n. Chr.) entwickelten eine Maltechnik (Grisaille) um die Kirchenfenster Grau in Grau zu bemalen. Sie duldeten keine bunten Kirchenfenster, da dies von der Andacht ablenke.

Russland

Die Russen empfinden graue Augen als die schönste Augenfarbe.

USA

Gebiete mit hoher Arbeitslosigkeit sind in den USA „gray areas“.

4.14 Schwarz

4.14 Schwarz

Physikalisch gesehen ist Schwarz die Farbe eines Körpers, der sämtliches Licht absorbiert.

Oft wird behauptet, Schwarz sei keine Farbe. Diese Feststellung wird dadurch widerlegt, dass wir zu Schwarz durchaus Empfindungen und Assoziationen haben. Farbtechnisch wird Schwarz als unbunte Farbe bezeichnet.

4.14.1 Historische Bedeutung

Schwarz im Spanien des 16. Jahrhunderts

Aufgrund der fanatischen Religiosität der spanischen Herrscher Karl I. (1500–1558) und seines Sohnes Philipp II. (1527–1598) beherrschte über 100 Jahre lang die Farbe Schwarz die Mode Spaniens. Diese spanische Mode ging mit der Weltmacht im Jahre 1588 unter, als die spanische Armada vernichtet wurde.

Die Farben kehrten allerdings nicht sofort danach zurück, da auch die Reformisten Schwarz als Farbe bevorzugten.

Schwarz zur Zeit Martin Luthers

Der Reformator, Augustinermönch und Professor für Moralphilosophie Dr. Martin Luther beschwerte sich öffentlich über den einträglichen Ablasshandel der katholischen Kirche. Mit dem Ablasshandel finanzierte sich die Kirche. Für jede begangene Sünde konnte man sich bei der katholischen Kirche freikaufen.

Die Protestanten verweigerten dem Papst ihren Gehorsam und ihr Geld und gründeten ihre eigene Kirche. Luther predigte in Schwarz. Die einheitliche schwarze Kleidung wurde zum Symbol einer Kirche, in der der Platz im Himmel nicht mehr vom Einkommen abhängig war.

Luthers schwarzer Talar wurde zur Tracht der bürgerlichen Autorität. Auch heute tragen Bürgermeister und Richter bei Amtshandlungen noch einen schwarzen Talar.

4.14.2 Symbolische und psychologische Farbwirkung

Schwarz – Die Farbe des Konservativen

Die Farbe Schwarz als Farbe der konservativen Kirche wurde auch in die Politik adaptiert – sie steht somit für den politischen Konservatismus. Wer „schwarz“ wählt, wählt konservativ.

Schwarz – Die Farbe der Eleganz

Die Farbe Schwarz wirkt klassisch und elegant. Eleganz ist vornehm, natürlich, sorgfältig und schlicht. Eleganz verzichtet auf Pomp und Auffälligkeit. Wer Schwarz trägt, verzichtet auf Farbe. Schwarz ist Eleganz ohne Risiko. Durch die Eleganz bekommt Schwarz auch das Attribut des Teuren zugeschrieben. So wirken Luxusgüter in Schwarz eleganter als in anderen Farben.

In diesem Zusammenhang steht auch das Leitmotiv des klassisch-modernen Designs: „Form entsteht durch Funktion". Das heißt, alles Überflüssige wird auf ein Minimum reduziert, was zur Konsequenz hat, dass die Farben Weiß, Grau und Schwarz bevorzugt werden. Schwarz ist die Farbe des Modernen, aber nicht des Modischen.

Der schwarze Schornsteinfeger als Glückssymbol

Interessant ist, dass der schwarze Schornsteinfeger Glück bringt. Laut Eva Heller[61] haben die Schornsteinfeger selbst für diesen Brauch gesorgt. So haben sie Ende des 19. Jh. zu jeder Jahresabrechnung einen Kalender verschenkt, auf dem neben den Glückssymbolen Kleeblatt, Hufeisen und Glücksschwein auch ein Schornsteinfeger aufgedruckt war. So wurde aus dem „schwarzen Mann" ein Glücksbringer.

Schwarz – Die Farbe der Individualität und Abgrenzung

Schwarz ist die Farbe der Individualität und der Abgrenzung. Der Grund hierfür liegt in der Kleidung. So entsteht durch schwarze Kleidung Unnahbarkeit, Schwarz verleiht Würde. Durch schwarze Kleidung wird der Blick eher auf das Gesicht gelenkt, das Zentrum der Individualität.

Als Farbe der Abgrenzung ist Schwarz die Farbe aller Gruppen, die sich von der breiten Masse abgrenzen wollen, wie z. B. Rocker, Punker, „Gruftis". Die Namen wechseln, die Farbe bleibt.

Schwarz – Die Farbe der Negation

Schwarz ist auch die Farbe der Negation. Das bedeutet, dass sich in Verbindung mit Schwarz die positive Wirkung einer bunten Farbe ins Gegenteil umkehrt.

Schwarz – Die Farbe der Wahrheit

Mit „Schwarz auf Weiß" verbinden wir die Eindeutigkeit und Wahrheit. Hiermit wird das Geschriebene gegenüber verbalen Argumenten gewichtiger. Schwarzweiß-Fotografien lassen das Abgebildete objektiver und wichtiger erscheinen als auf einem Farbbild.

Schwarz – Die Farbe des Todes und der Trauer

Mit Schwarz verbindet man unwillkürlich das Ende und den Tod. Vermoderte Pflanzen, abgestorbenes Fleisch, alles endet in Schwarz. Wer sich „schwarz ärgert", ärgert sich zu Tode. Hierauf bezieht sich auch die Redewendung „warte bis du schwarz wirst". Der Henker und der „Sensenmann" bringen in schwarzen Gewändern den Tod.

Die Trauer um den Toten lässt einen sein eigenes Leben vergessen – man vernachlässigt sein Äußeres symbolisch durch das Tragen schwarzer Kleidung. Ein Verzicht auf farbenfrohe Kleidung symbolisiert den Verzicht auf Eitelkeit, um die Wertschätzung des Verstorbenen zu zeigen.

In Kulturen, wo Schwarz einen anderen Stellenwert hat, kann auch Weiß als Trauerfarbe Verwendung finden. Die Trauerfarbe wird durch die Religion der jeweiligen Kultur geregelt.

Schwarz – Die Farbe des Unglücks

Schwarz ist die Farbe des Unglücks. In der Geschichte gab es mehrere „schwarze Freitage" – an einem brach der Goldmarkt zusammen, am anderen fielen die Aktien ins Bodenlose.

Im Kartenspiel „schwarzer Peter" ist der Verlierer derjenige, der am Ende die Karte mit dem „schwarzen Peter" hat.

Schwarze Tiere sollen Unglück bringen. Im Aberglauben fürchtet man schwarze Katzen. Der Unglücksrabe und der Pechvogel sind schwarze Boten des Unglücks. Auch wurde Pech zum Unglück erklärt, da es schwarz und klebrig ist. Man sagt, wer Pech hat, würde das Unglück anziehen, oder man habe eine Pechsträhne.

Im Zusammenhang mit Unglück steht auch die Bedeutung von Pessimismus. Wer „schwarz in schwarz malt" oder nur „schwarz sieht", ist ein Pessimist. Negative Gefühle werden oft mit Schwarz assoziiert.

Schwarz – Die Farbe des Bösen

Schwarz hat die Bedeutung des Bösartigen. Wer jemanden anschwärzt, redet schlecht über ihn. Wer durch und durch böse ist, hat ein „schwarzes Herz".

Schwarz – Die Farbe des Geheimen und Illegalen

Schwarz ist geheimnisvoll, da es an Dunkelheit erinnert. So ist Schwarz die Farbe aller geheimen und illegalen Organisationen. Bezeichnend hierfür sind z. B. die legendären schwarzen Piratenfahnen. Heute stehen schwarze Fahnen und schwarzer Stern für die Anarchisten.

Im Zusammenhang mit Illegalität existieren folgende Begrifflichkeiten: Schwarzarbeit, Schwarzhandel, Schwarzgeld, Schnaps wird schwarz gebrannt, Schwarzfahrer, Schwarzhörer und Schwarzseher.

Farbklänge mit Schwarz

- Schwarz – Grau – Braun ist der Farbklang der Bedrängnis.
- Schwarz – Grau – Weiß ist die Einsamkeit.
- Schwarz – Grau – Gelb ist die Gefühllosigkeit.
- Schwarz – Gelb ist der Farbklang des Egoismus, der Schuld und der Lüge.
- Schwarz – Violett ist die Untreue.
- Schwarz – Rot ist die Gefahr sowie das Verbotene.

4.14.3 Kulturspezifische Bedeutung

Afrika

In Afrika ist Schwarz die schönste Farbe. Hier ist sie die Farbe des Volkes und der fruchtbaren Erde.

So ist in der Nationalflagge vieler afrikanischen Länder ein schwarzes Symbol beinhaltet, wie z. B. das Wappen von Nigeria: es zeigt zwei silberne Wellenlinien auf schwarzen Grund. Die Wellen bedeuten die Flüsse Niger und Benue, der schwarze Untergrund symbolisiert fruchtbare Erde.

England

- Wer in England den „black look" hat, hat den bösen Blick.
- Ein Erpresserschreiben ist in England eine „blackmail", also schwarze Post.
- Ein „black guard" ist ein Schuft.
- Glatteis heißt im englischen aufgrund der Gefahr, die davon ausgeht, „black ice".

5 Farbgestaltung im Internet

5 Farbgestaltung im Internet: Analyse ausgesuchter Webseiten

Im Folgenden soll anhand einer Zusammenstellung von Webseiten verdeutlicht werden, in wieweit Farben eingesetzt werden können, um den Betrachter gezielt zu beeinflussen. Hierbei wird auf die in Kapitel 4 (Farbsymbolik und Farbwirkung) angeführten psychologischen und symbolischen Farbwirkungen Bezug genommen. Auch wird versucht, soweit möglich, entsprechende kulturelle Aspekte bei der Farbwirkung mit zu berücksichtigen.

Manche der nachfolgenden Webseiten sind mit einem (†) gekennzeichnet. Diese Beispiele sind im Internet nicht mehr zu finden, da meistens die betroffenen Unternehmen vom Markt verschwunden sind. Als Ansichtsobjekte für den Farbeinsatz auf Webseiten sind sie dennoch geeignet.

5.1 Die Farbe Rot als Gestaltungsmedium

Der Energiedienstleister E.ON setzt auf seiner Startseite als Hintergrundfarbe eine sattes Rot ein. Die Firmenfarbe Rot wird hier als Signalfarbe eingesetzt, um erhöhte Aufmerksamkeit beim Betrachter zu erreichen. Sie steckt voller Energie und soll den Betrachter mobilisieren.

Der Blick des Zuschauers wird sofort auf das weiße Firmenlogo gelenkt, ebenso wie auf den Blickfang, die Fotos im oberen Teil der Webseite. Hier werden die unterschiedlichen Elemente der Stromgewinnung (z. B. Wasser, Wind, Sonne) dargestellt.

Auf den folgenden Seiten wird die Farbe Weiß großzügiger als Hintergrundfarbe eingesetzt. Das ist einerseits für die Lesbarkeit von Vorteil, anderseits könnte das Weiß hier symbolisch für Reinheit stehen, so dass eine Farbkombination aus Rot für Energie und Weiß für Reinheit vorliegt. Diese Zusammenstellung könnte zur Assoziation der „sauberen" Stromgewinnung verschmelzen.

Energiedienstleister E.ON

URL: http://www.eon.de

Datum des Zugriffs: 2.2.2003

Abb. 35: Webseiten des Unternehmens E.ON

Institut für Auslandsbeziehungen e. V.
URL: http://www.ifa.de
Datum des Zugriffs: 2.2.2003

Das Institut für Auslandsbeziehungen e. V. befasst sich mit der auswärtigen Kulturpolitik und dem internationalen Kulturaustausch.

Es wurde ein erdiges Rot als Hintergrundfarbe gewählt. Es strahlt Wärme aus, besonders aufgrund der Kombination der Farben Gelb und Orange als kleine Farbpunkte in der Schrift. Das eingesetzte Rot ist nicht aufdringlich, in Verbindung mit der Farbe Schwarz vermittelt es ein Farbgefühl von antiker Kunst oder auch erdige Natur „ferner

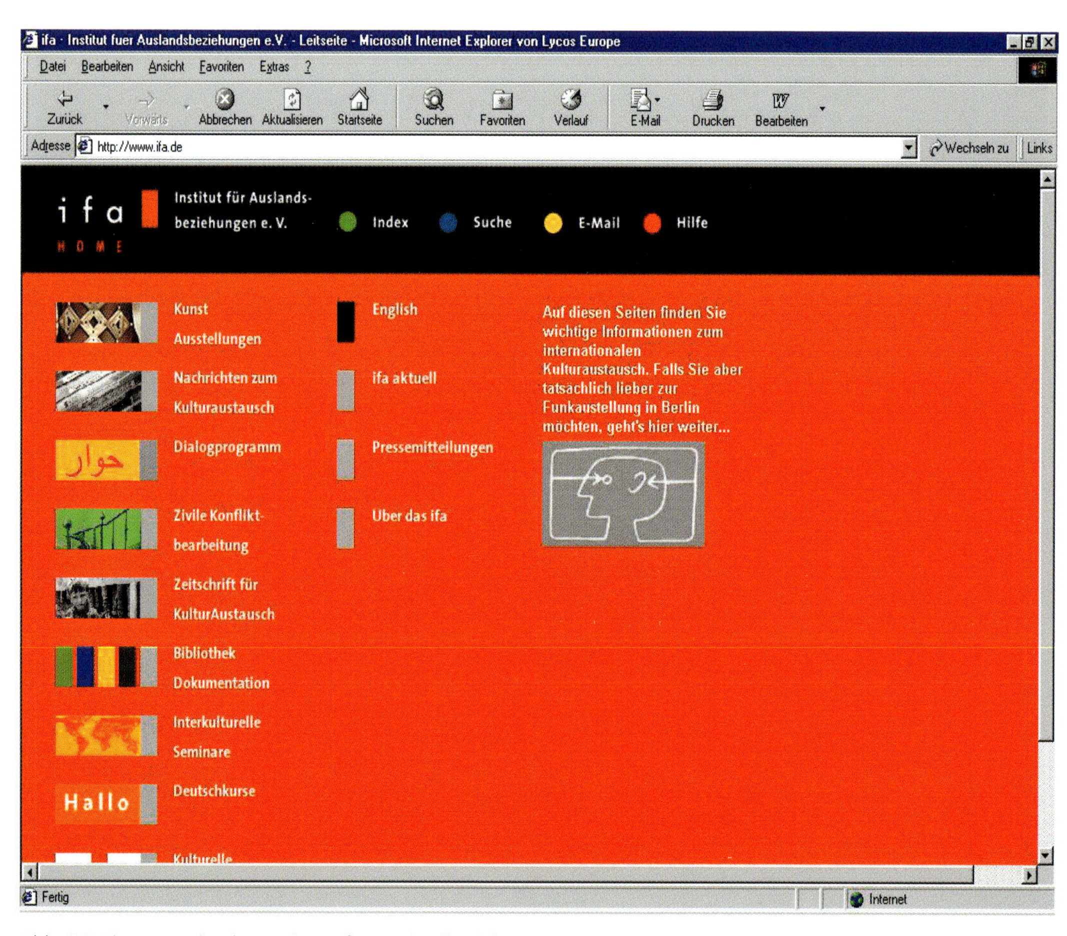

Abb. 36: Eingangsseite des Institutes für Auslandbeziehungen e. V.

Länder", was als Symbol für fremde Kulturen gedeutet werden kann. Die Schriftfarben Blau und Grün passen zum Eindruck der „Landschaft", da sie den Himmel und die Vegetation symbolisieren könnten. Außerdem sind sie als kühler Farbton der Gegensatz zur warmen Farbe Rot.

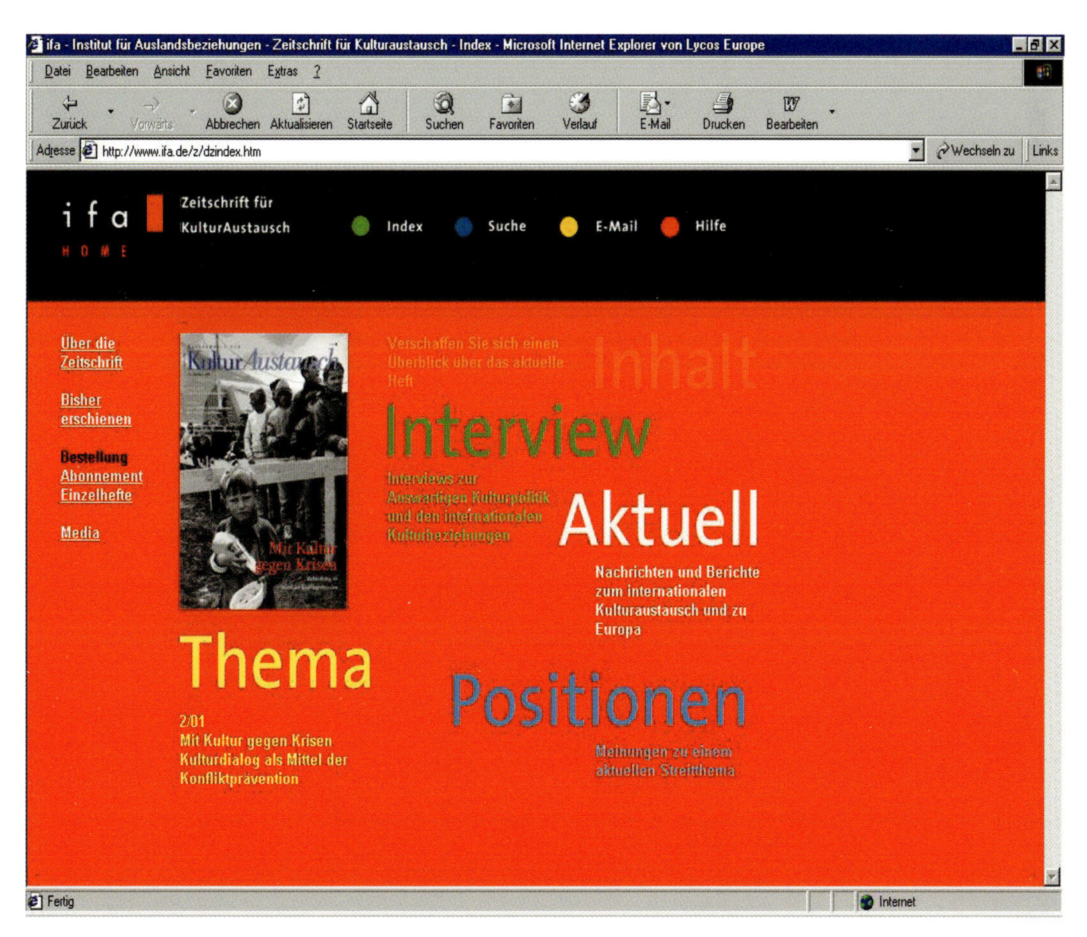

Abb. 37: Folgeseite des Institutes für Auslandbeziehungen e. V.

Handelskette Media Markt

URL: http://www.mediamarkt.de/index.php3

Datum des Zugriffs: 2.2.2003

Der Internetauftritt der Handelskette Media Markt ist im typischen Design gehalten. Ob Anzeigenwerbung, Prospekt oder Webseite, das Konzept der Gestaltung ist immer das gleiche: ein dunkles Rot als Hintergrundfarbe, zu der die Farben Schwarz und Weiß einen Kontrast bilden.

Abb. 38: Homepage der Handelskette Media Markt

Zusammen ergibt dies ein in sich harmonisches Bild. Die Farbe Rot vermittelt Dynamik und Entschlossenheit. Durch die leichte Abdunklung des Rottons ist die Farbintensität etwas zurückgenommen, so dass die Seite farbig, aber nicht aufdringlich wirkt.

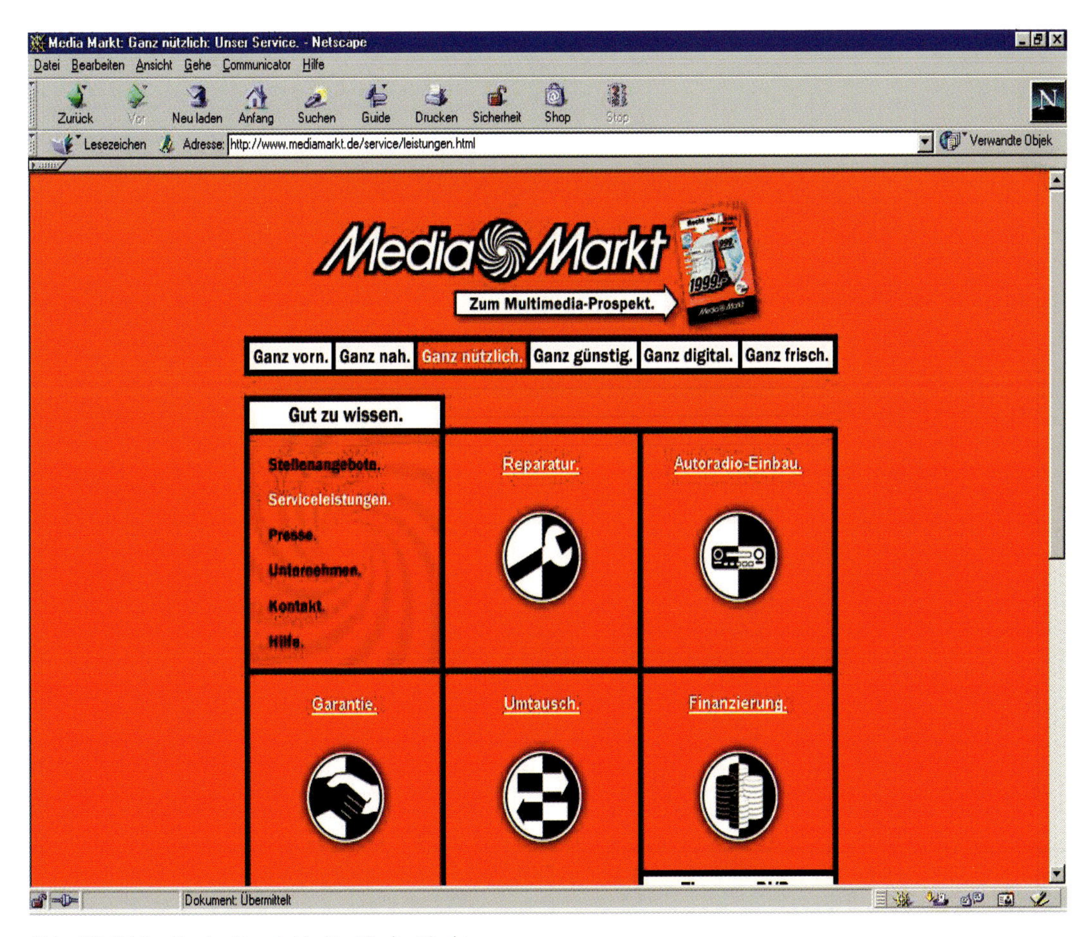

Abb. 39: Webseite der Handelskette Media Markt

Uhrenhersteller Citizen

URL: http://www.citizenwatch.com

Datum des Zugriffs: 28.06.2001

Der Uhrenhersteller Citizen verwendet die Farbe Rot als Blickfang auf seiner prinzipiell in den Farben Schwarz und Weiß gehaltenen Startseite. Die rot umrandeten Schriftzüge sind Verknüpfungen, die auf die nachfolgenden Bereiche der Website führen.

Allerdings hat das Unternehmen keine gleichbleibende Navigation gewählt, wie die Abbildung zeigt. Jeder Bereich hat sein eigenes Design, das sich völlig vom anderen unterscheidet, was dem Betrachter die Orientierung erschwert. Mittlerweile hat das Unternehmen seine Webseiten erneuert. Das Gesamtkonzept wurde komplett geändert.

Dennoch sind die hier abgebildeten Webseiten ein gutes Beispiel für die Umsetzung der Farbe Rot.

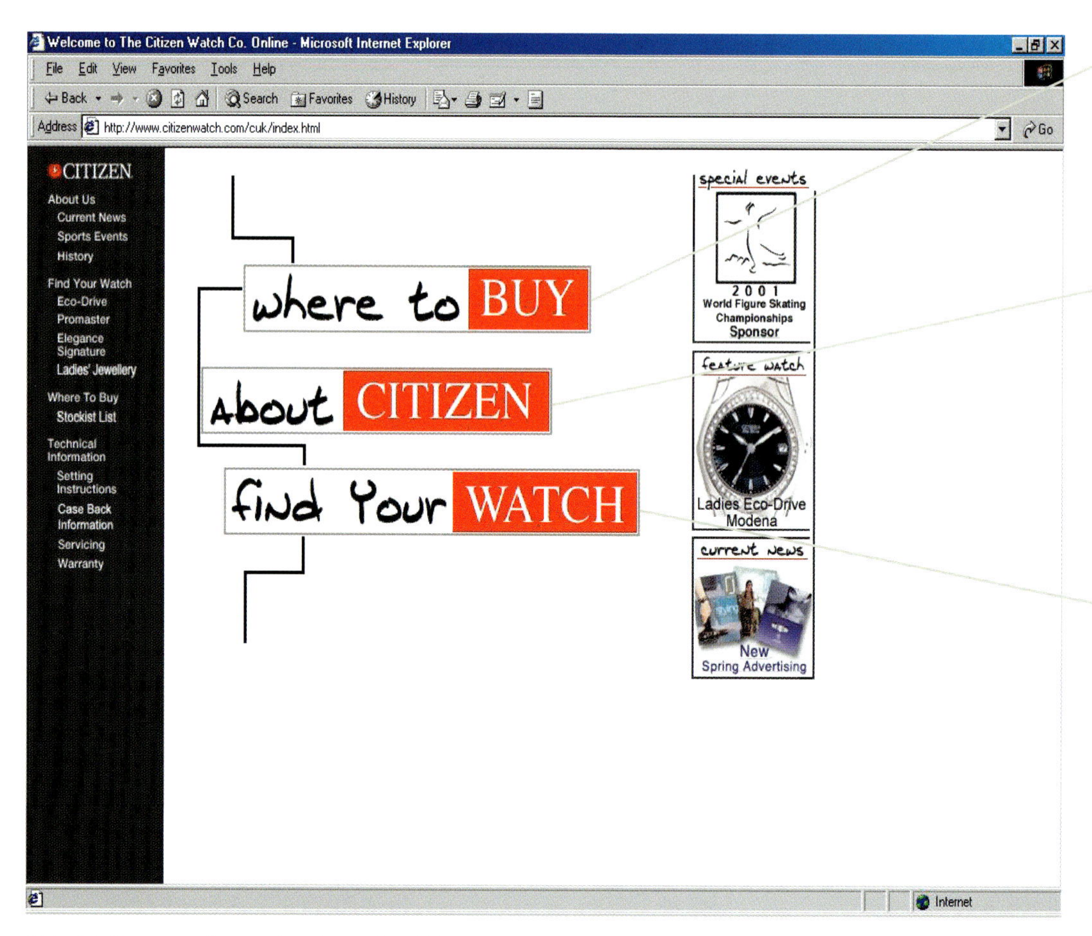

Abb. 40: Eingangsseite des Uhrenherstellers Citizen

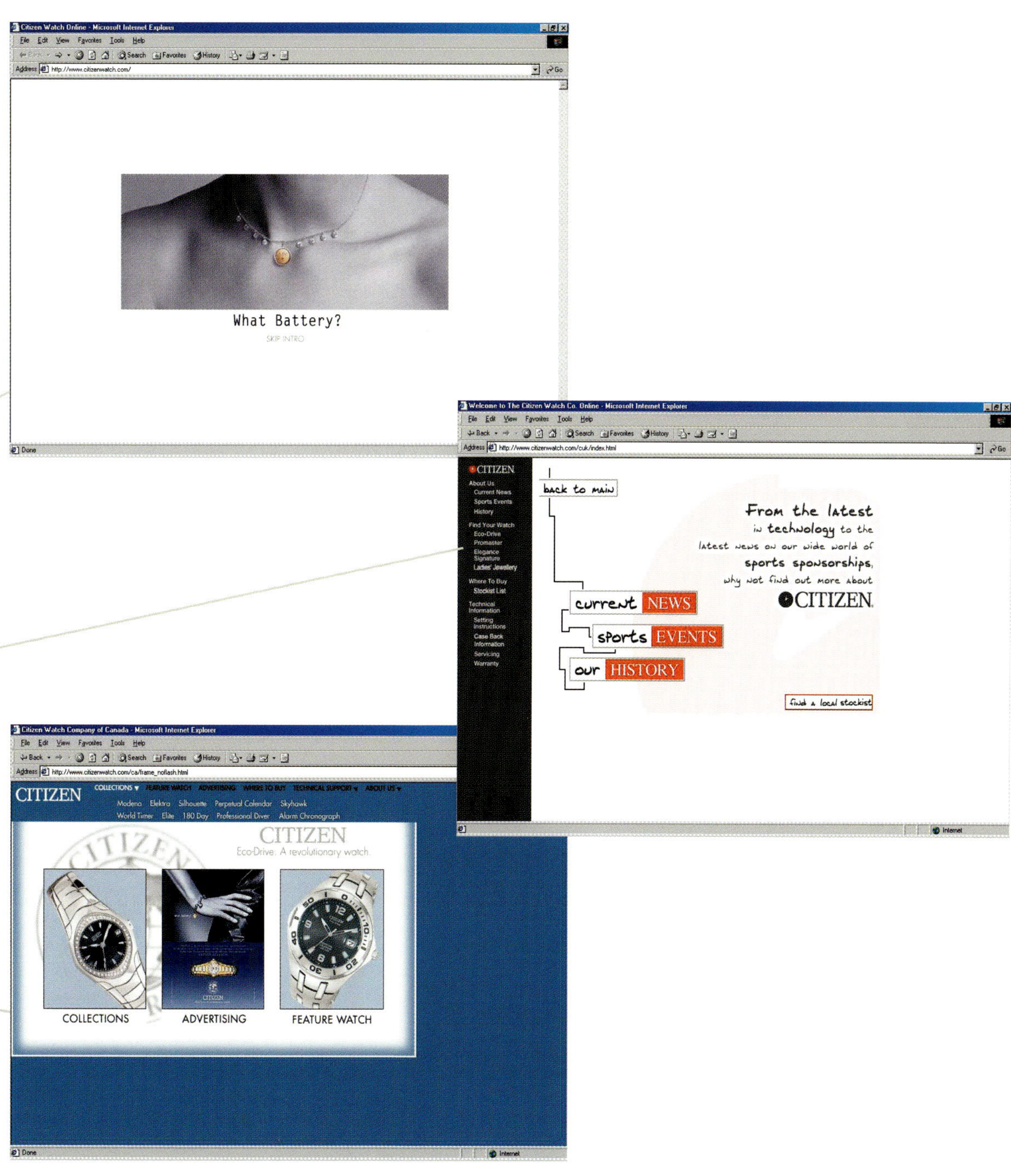

Abb. 41: weitere Webseiten des Uhrenherstellers Citizen

TV-Sender VOX

URL: http://www.vox.de

Datum des Zugriffs: 25.06.2001

Die Webseite des TV-Senders VOX ist in unterschiedlichen Rotnuancen gehalten. Sie vermittelt als psychologische Farbwirkung Feuer und Energie. Im übertragenen Sinn ergibt das in der Farbsymbolik die Eigenschaften Leidenschaft und Temperament. Diese werden noch verstärkt durch ein halbtransparentes Hintergrundbild, welches eine glühende Sonne darstellt. Die gelb- und orangefarbenen Schriften sprechen ebenfalls für diese Symbolik.

Die Farbschattierungen geben dem Design ein Gefühl von plastischer Tiefe. Die Rottöne sind eher abgedunkelt und dezent gehalten, wodurch ein Bild der Wärme entsteht.

Mittlerweile hat der TV-Sender seine Webseiten überarbeitet. Es werden aber immer noch die gleichen Farben eingesetzt.

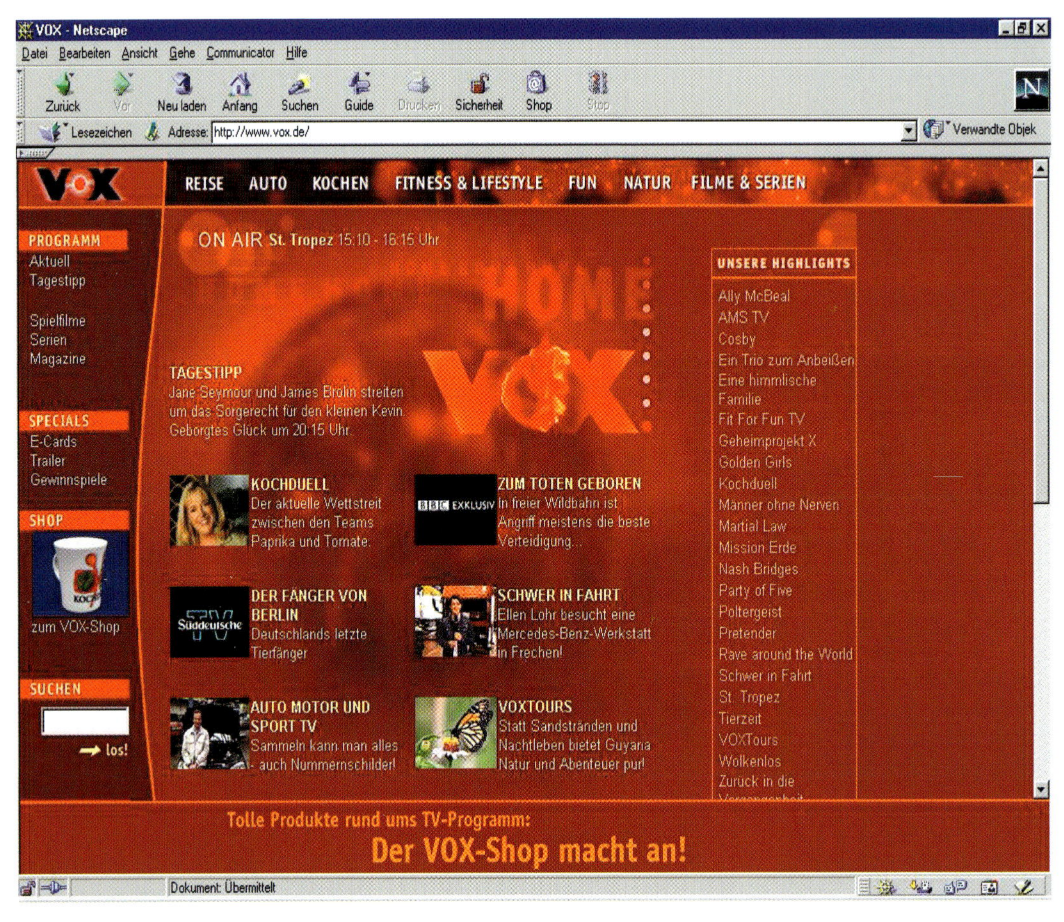

Abb. 42: Webseite des TV-Senders VOX

Russische Internetseiten

URL: http://gosorgan.amursk.ru

Datum des Zugriffs: 2.2.2003

http://www.maindir.gov.ru (†)

In Russland ist die Farbe Rot eine positive Farbe. In einem Land, das kalte Jahreszeiten hat, wird die Farbe Rot gleichgesetzt mit Wärme und Sicherheit.
Die Begriffe Rot, schön und herrlich gehören in Russland zur gleichen Wortfamilie.

Durch diesen Aspekt könnte man annehmen, dass eine beliebte Farbe auch eine Farbe ist, die oft im Webdesign benutzt wird. Bei den hierzu durchgeführten Recherchen nach russischen Internetseiten ist hinsichlich der roten Farbe jedoch keine Häufigkeit festzustellen. Die Tendenz geht eher in Richtung blau. Dieses Ergebnis stellt jedoch nur einen Indizienbeweis dar, da lediglich Stichproben als Auswahl genommen wurden – es liegt also keine wissenschaftliche Untersuchung zugrunde.

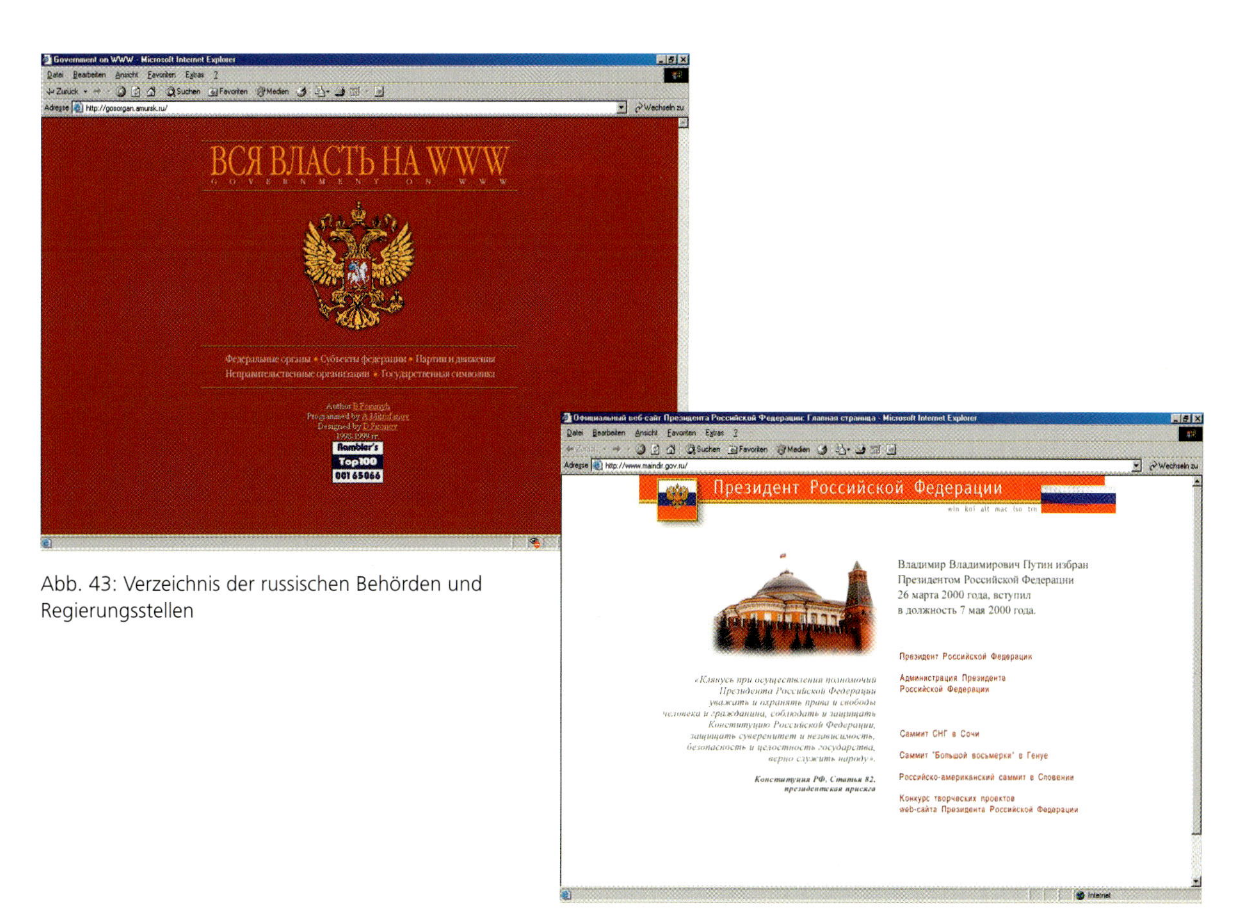

Abb. 43: Verzeichnis der russischen Behörden und Regierungsstellen

Abb. 44: Offizielle Seite der russischen Regierung

5.2 Die Farbe Blau als Gestaltungsmedium

Versicherung Allianz

URL: http://www.allianz.de

Datum des Zugriffs: 2.2.2003

Das Versicherungsunternehmen Allianz verlässt sich hauptsächlich auf die Wirkung der Farbe Blau. Blau ist die klassische Farbe für Versicherungen und Banken, da die Farbsymbolik Harmonie, Ausgeglichenheit, Glaubwürdigkeit und Vertrauen vermittelt.
Das dunkle Hintergrundblau der Startseite vermittelt Weite und Unendlichkeit, was auch durch die Grafik im Hintergrund noch verstärkt wird. Wahrscheinlich soll eine zurückhaltende Eleganz vermittelt werden. Da die Farbe sehr dunkel gehalten ist, kann die Farbwirkung in das Geheimnisvolle umkippen. Diese Eigenschaft wird den Farben Violett oder Schwarz zugeschrieben. Es ist fraglich, ob diese As-

Abb. 45: Startseite der Allianz Versicherung

soziation bei einer Versicherungsgesellschaft gewollt ist.

Als Blickfang ist auf der Startseite ein seriös wirkendes männliches Porträt zusehen. Hiermit möchte man wahrscheinlich die klassischen Eigenschaften der Farbe Blau noch zusätzlich verstärken, da die sonstige Farbwirkung auf dieser Webseite eher zu Eleganz und Weite tendiert.

Das Design setzt sich in allen Seiten fort. Sehr schön gelöst ist die Navigation und Orientierung. An den rechten Rändern der nachfolgenden Seiten befinden sich zur besseren Orientierung die Bereichsüberschriften.

Das Unternehmen Allianz hat seine Webseiten überarbeitet. Die abgebildeten Beispiele aus dem Jahr 2001 sind dennoch gültig, da nur die Navigations- und Orientierungselemente geändert wurden.

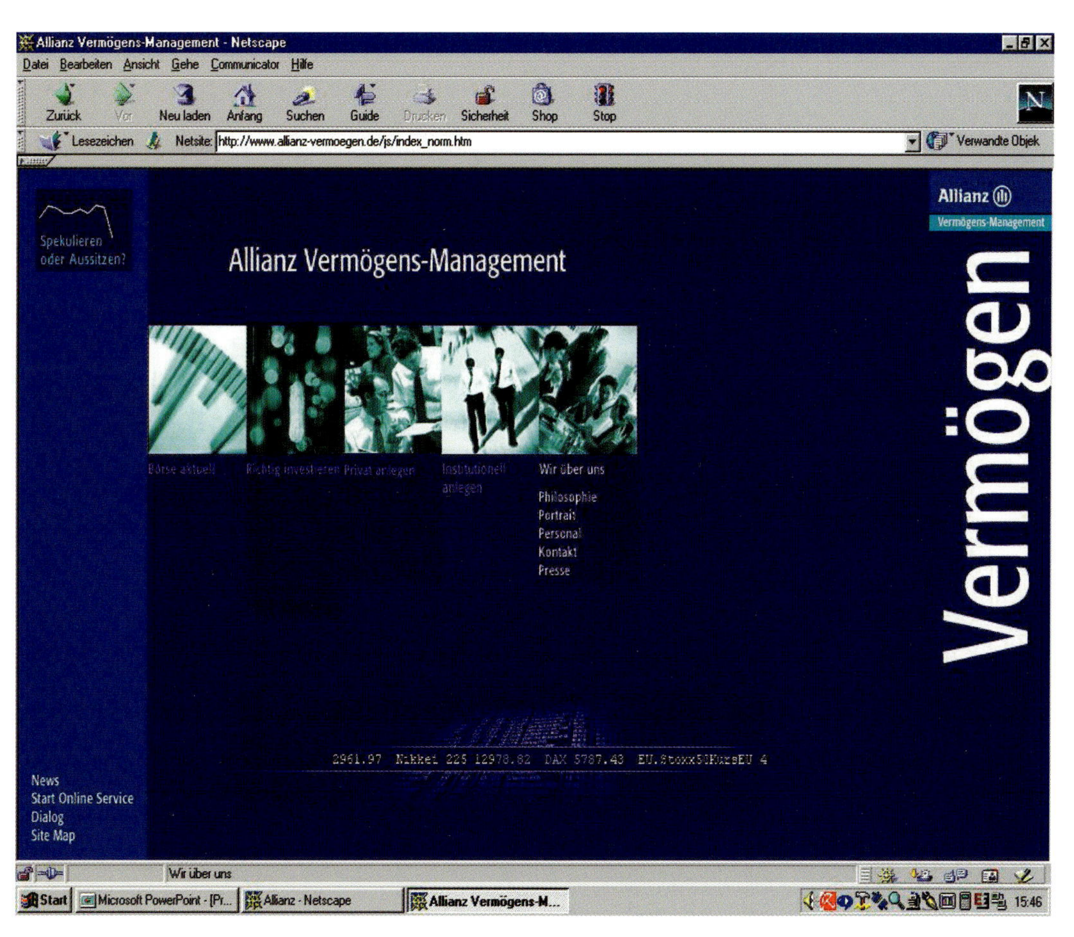

Abb. 46: Webseite der Allianz Versicherung

Handyprovider Loop

URL: http://www.loop.de (†)

Datum des Zugriffs: 16.06.2001

Die Webseiten des ehemaligen Handy-Anbieters Loop sind in einem frischen Hellblau als Hintergrundfarbe gehalten. Das moderne Design wird hervorgerufen durch die hellblaue Farbe und die abgerundeten Elemente, wie z.B. die runden Buttons oder das Bedienungsfeld „cockpit" im oberen Teil der Webseite. Durch die „Punkt"-Grafik im Hintergrund wird die Farbsymbolik der Weite unterstützt, da eine Art Fernwirkung geschaffen wird.

Die Webseiten des Unternehmens Loop sind nicht mehr im Internet zu finden.

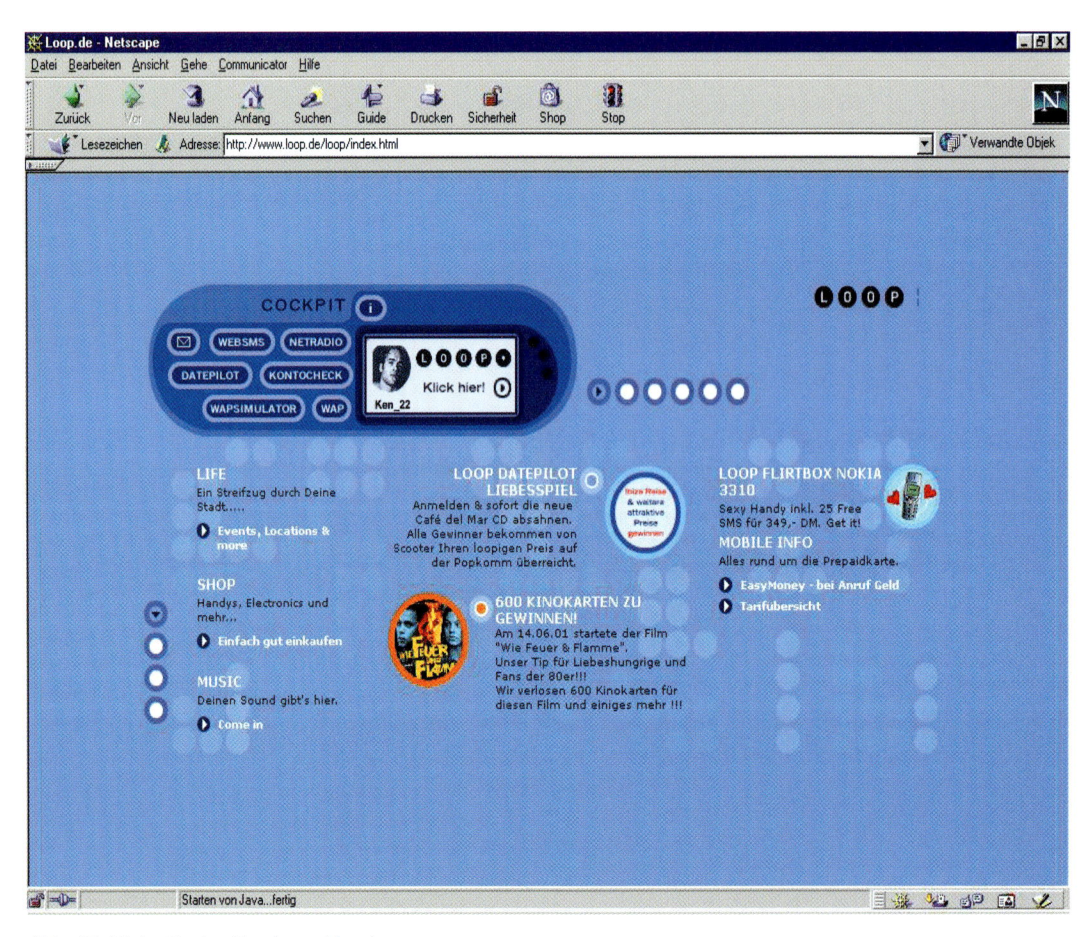

Abb. 47: Webseite des Handyproviders Loop

Hemdenhersteller Olymp

URL: http://www.olymp-hemden.de

Datum des Zugriffs: 2.2.2003

Beim Webauftritt des Oberhemdenherstellers Olymp ist ersichtlich, dass bewusst mit der Farbsymbolik gestaltet wurde. Das Design ist minimalistisch und modern gehalten.

Folgende Begriffe wurden in die Gestaltung eingearbeitet: Reinheit, Kühle, Eleganz, Moderne, Sachlichkeit und Klugheit. Mit den Farben Weiß und Blau entsteht der Farbklang des Guten und des Kühlen. Wenn die Farbe Grau dazu genommen wird, ergänzt sich die Bedeutung um die Eigenschaften Sachlichkeit und Klugheit.

Auf diesen Webseiten wurde raffiniert mit Farben gearbeitet. Auf der Startseite wird die Farbe Grau nicht wirklich eingesetzt, jedoch durch die vorhandene Grafik mit ihren blaugrauen Schatten angedeutet.

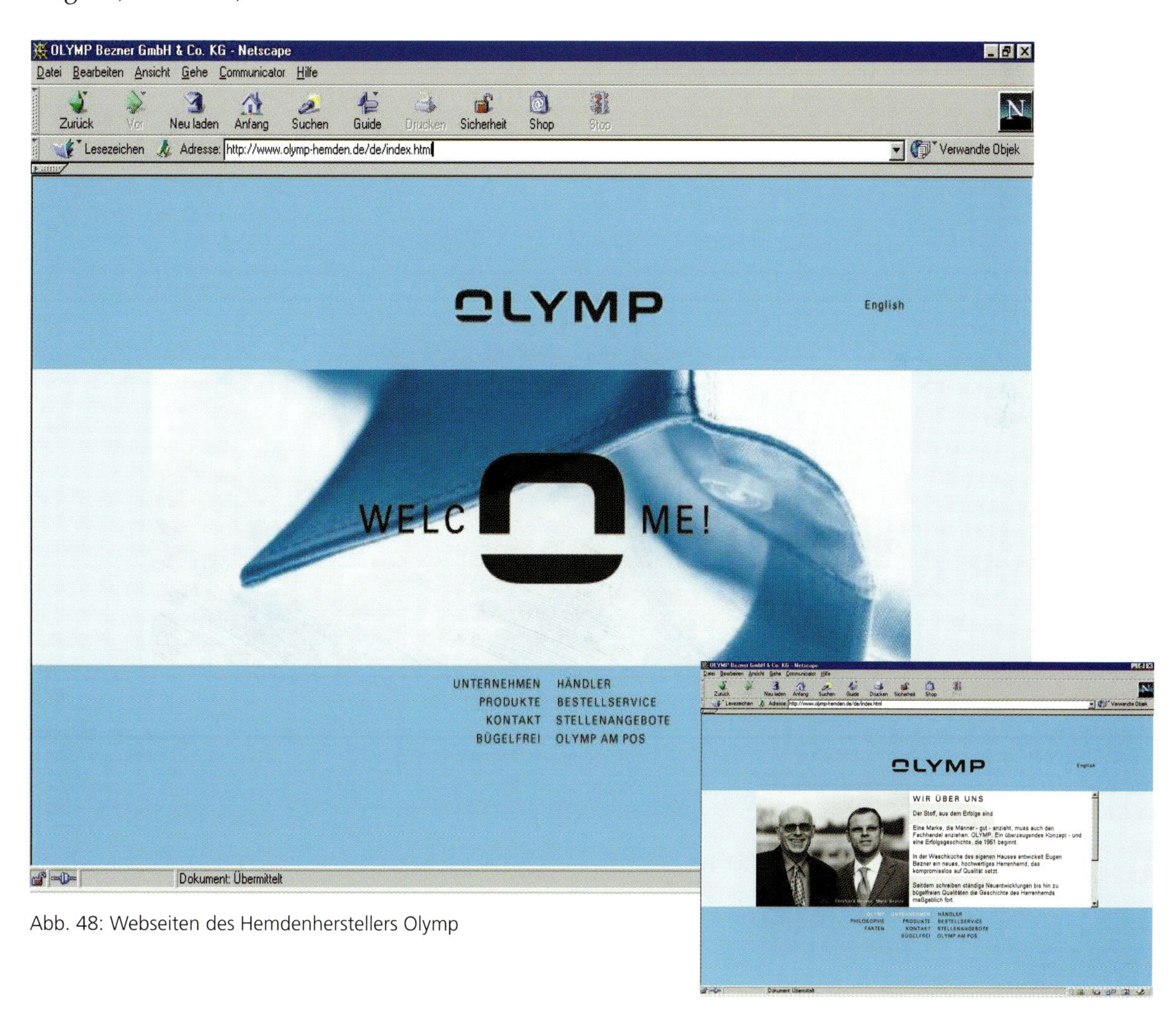

Abb. 48: Webseiten des Hemdenherstellers Olymp

Mineralwasserhersteller
San Pellegrino

URL: http://www.sanpellegrino.de
Datum des Zugriffs: 28.06.2001

Der Internetauftritt des italienischen Mineralwasserherstellers San Pellegrino hat einen besonderen Effekt. Am Anfang wird ein kurzes Intro abgespielt. In diesem sieht man eine Wasserflasche mit dazugehörigem Wasserglas auf himmelblauem Grund. Das Bild entsteht durch immer stärker werdende Konturen und Farben. Zum Schluss ist es vollständig sichtbar. Danach wird man auf die eigentliche Hauptseite geleitet. Auch dort setzt sich das Design weiter fort. So ist der Hintergrund in

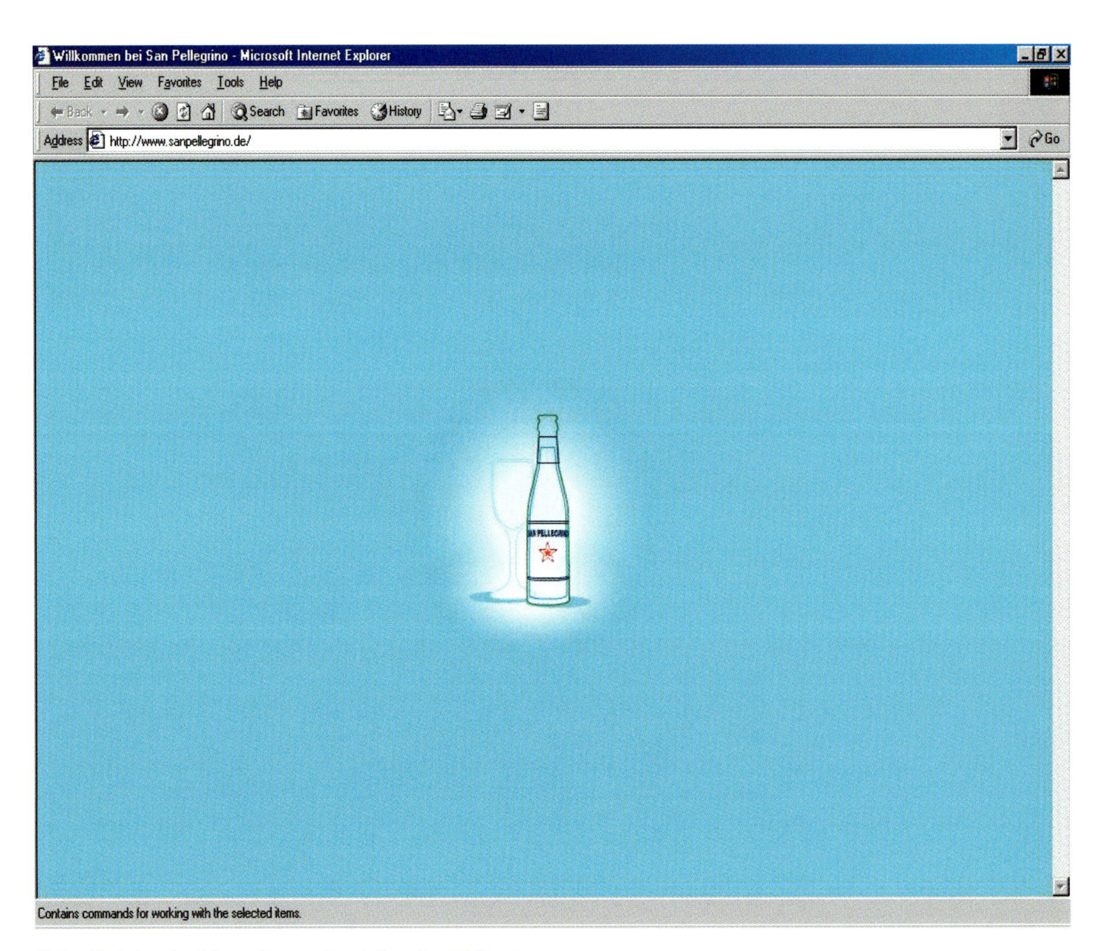

Abb. 49: Intro des Mineralwasserherstellers San Pellegrino

Blau mit weißen Tönungen gehalten, die als Wolken gedeutet werden könnten. Des Weiteren sind durch das rote Firmenlogo, welches einen Stern darstellt, entsprechende Akzente gesetzt. Auch die Navigation wird über einen solchen roten Stern realisiert.
Interessant ist bei dieser Webseite, das nicht die Symbolik des Wassers gewählt wurde, sondern die der Himmelsfarben.

Die Seite vermittelt einen Eindruck von Ausgeglichenheit und Harmonie. Die Farben Blau, Rot und Grün stehen als Farbklang für Freundschaft, Harmonie, Sympathie und das Gesunde.

Leider hat San Pellegrino seine aktuelle Webseite komplett überarbeitet. Die hier gezeigten Seiten aus dem Jahr 2001 gibt es nicht mehr. Die neuen Webseiten sind eher gediegen in dunkelblau und weiß gehalten. Als Blickfänger dient eine Makrofotografie eines grünen Flaschenetiketts.

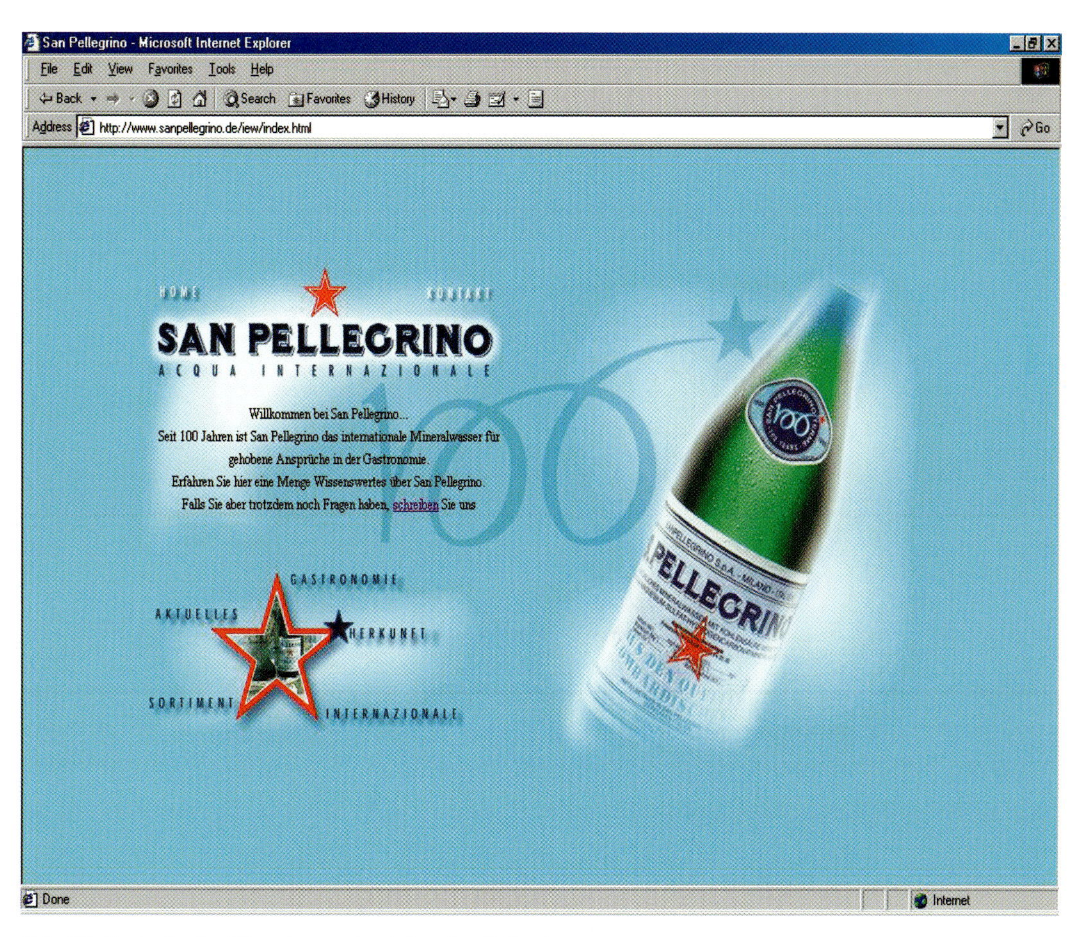

Abb. 50: Startseite des Mineralwasserherstellers San Pellegrino

Ensinger Mineral- und Heilwasser
URL: http://www.ensinger.de
Datum des Zugriffs: 2.2.2003

Die Ensinger Mineral- und Heilwasserhersteller verwenden ein Wasserblau als Farbe in ihrer Webgestaltung. Außerdem beinhaltet die Startseite eindeutige Grafiken, die diese Symbolik noch unterstützen. Durch die Grafik wird auch die Passivität der Farbe Blau in Dynamik umgewandelt.

Das Firmenlogo und teilweise auch die Schrift sind mit roter Farbe gestaltet.

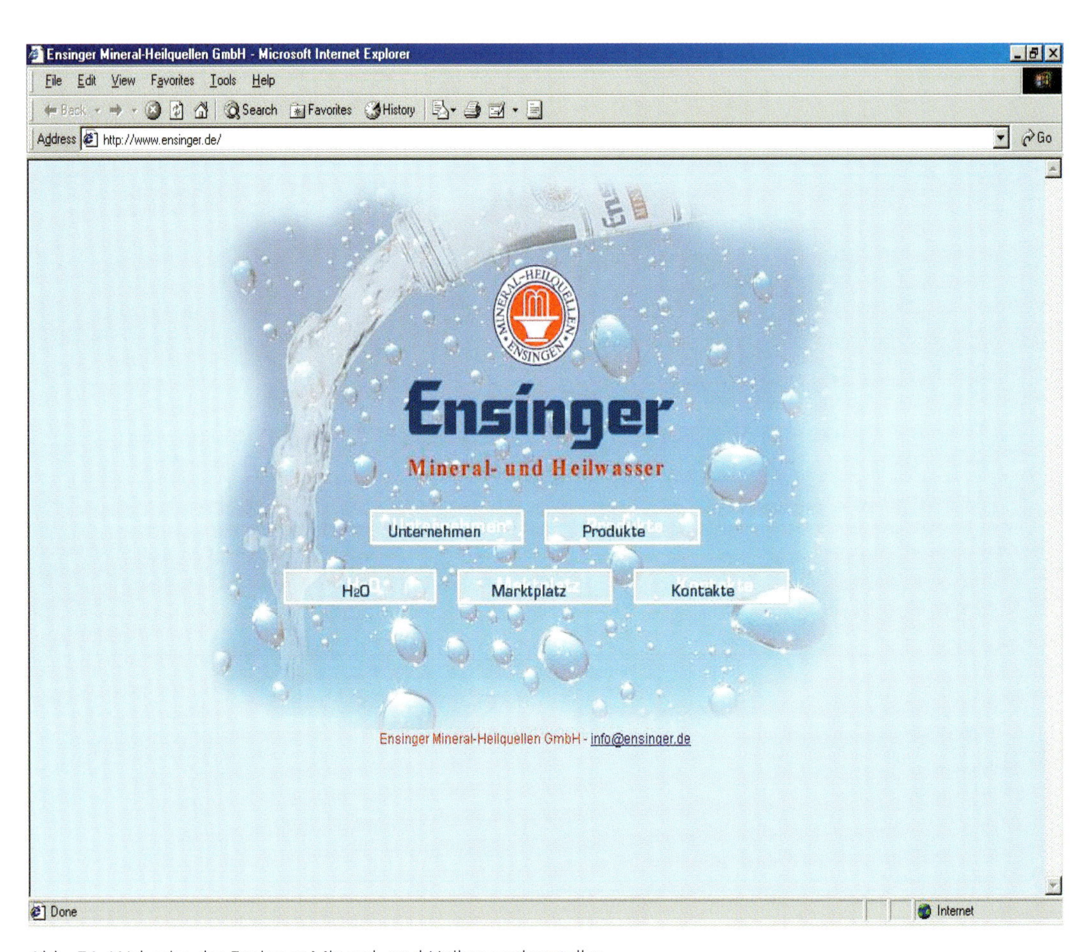

Abb. 51: Webseite der Ensinger Mineral- und Heilwasserhersteller

Hier stehen Rot und Blau in einem psychologischen Konträrkontrast. Das sind Farben, die in der Farbwirkung eine gegensätzliche Symbolik haben. Mit den psychologischen Konträrfarben kann man in der Webgestaltung Aufmerksamkeit erregen, da sie für einen widersprüchlichen Effekt sorgen.

Abb. 52: Folgeseite der Ensinger Mineral- und Heilwasserhersteller

5.3 Die Farbe Grün als Gestaltungsmedium

Unternehmen Origins

URL: http://www.origins.com

Datum des Zugriffs: 2.2.2003

Die Webseiten der englischen Kosmetikfirma Origins sind in grünen Farbnuancen gehalten. Die Produkte werden auf natürlicher Basis hergestellt.

Hier wird einerseits die grüne Firmenfarbe in der Schriftgestaltung eingesetzt.

Abb. 53: Webseite des Unternehmens Origins

Andererseits wird die Farbsymbolik angewandt. Grün steht hier in seiner Funktion als Prädikat für Produkte, die einen „natürlichen" Anstrich bekommen sollen. Die Farbe Weiß, die halbtransparent auf der Grafik liegt, vermittelt Reinheit und Frische.

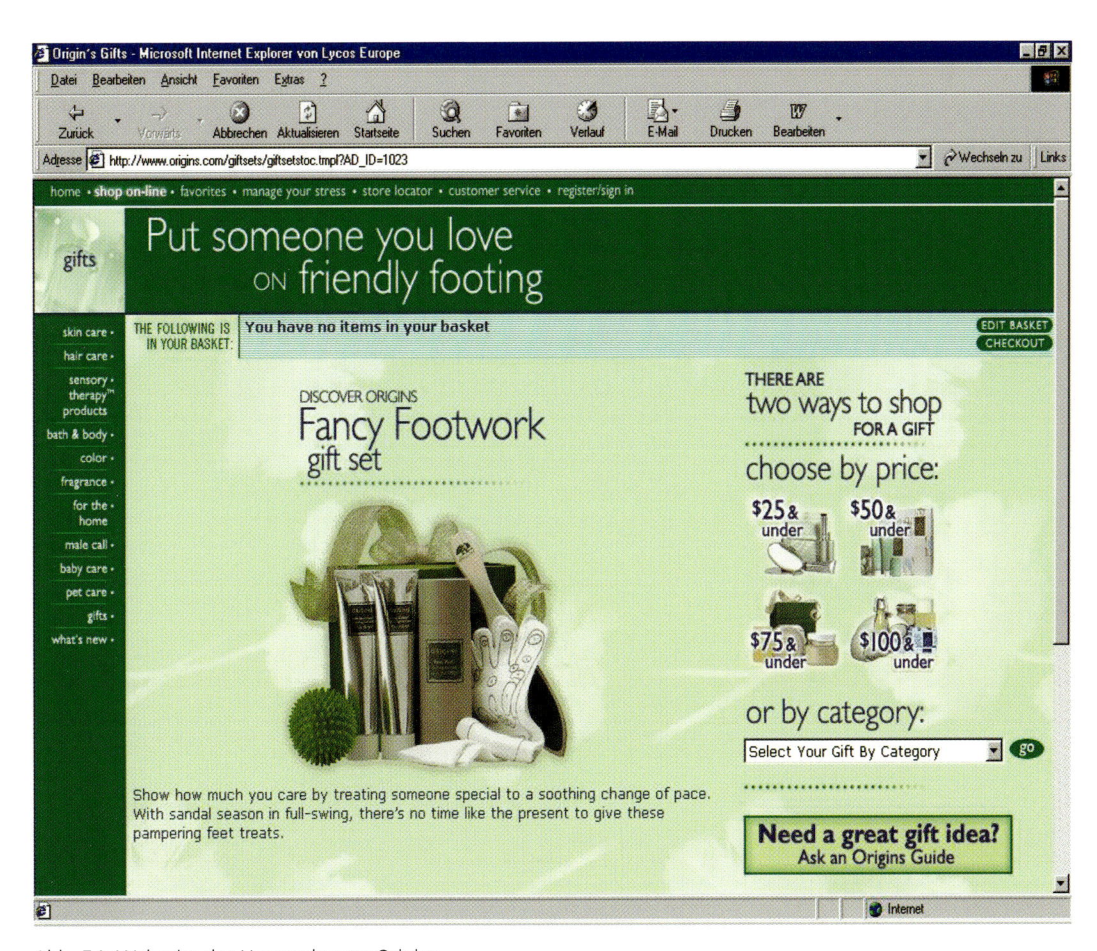

Abb. 54: Webseite des Unternehmens Origins

Brauerei Becks

URL: http://www.becks.de

Datum des Zugriffs: 2.2.2003

Die Brauerei Becks setzt bei ihrer Webseitengestaltung die Farbe Grün als Hintergrundfarbe und zur Navigation ein. Ein besonderer Effekt ist, dass die Grafiken wechseln und die Navigationsleiste ständig in Bewegung ist. Das Grün der Webseite vermittelt die Firmenfarbe, aber es steht auch als Symbolfarbe für die Natur und Vegetation. Es wirkt hier traditionell, da ein dunkler Farbton verwendet wurde. Außerdem hat die Farbe Grün eine entspannende und beruhigende Wirkung. Es vermittelt Ausgeglichenheit. Das ist auf dieser Webseite auch nötig, da durch die bewegten Bilder doch etwas Unruhe entsteht.

Das rote Firmenlogo leuchtet besonders stark, da es die Komplementärfarbe zu Grün ist.

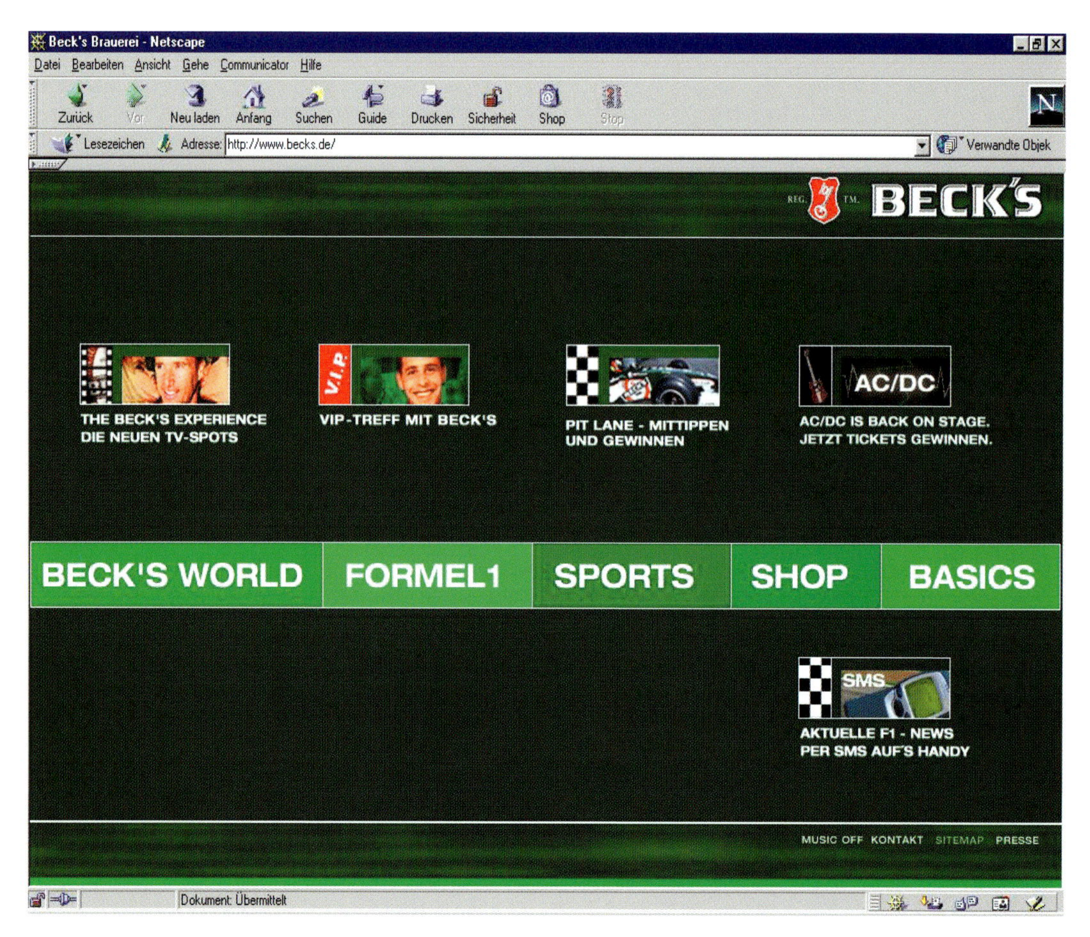

Abb. 55: Webseite der Brauerei Becks

Handyprovider zed
URL: http://www.zed.de
Datum des Zugriffs: 2.2.2003

Der Handyprovider zed spricht auf seinen Webseiten speziell die junge Zielgruppe an, was er durch kräftige und frische Farben erreicht. In der Farbsymbolik wird ein helles, kräftiges Grün als Giftgrün empfunden. Hier sieht man, dass Grün auch andere Assoziationen auslösen kann und nicht immer im Zusammenhang zu den Begriffen Natur und Natürlichkeit stehen muss.

Abb. 56: Webseite des Handyproviders zed

Baumschule Geigle

URL: http://www.geigle-baumschulen.de

Datum des Zugriffs: 2.2.2003

Der Webauftritt der Baumschule Geigle ist insgesamt minimalistisch. Auf der Startseite werden nur zwei Farben eingesetzt, wobei Weiß als unbunte Farbe gilt. Durch den weißen Untergrund wirkt das Grün stabil, friedlich und erfrischend, aber auch dominant.

Auf den Folgeseiten wird die Farbsymbolik des Farbklangs Grün, Weiß und Braun eingesetzt – dieser steht für das Natürliche. Die Farben Grün und Braun realisieren auf diesen Webseiten die Navigation und Orientierung. Klickt der User eines der Baumblätter an, die als Navigation der Seite dienen, wird das gleiche Blatt am Zielort als braunes Herbstblatt dargestellt und erleichtert so die Orientierung.

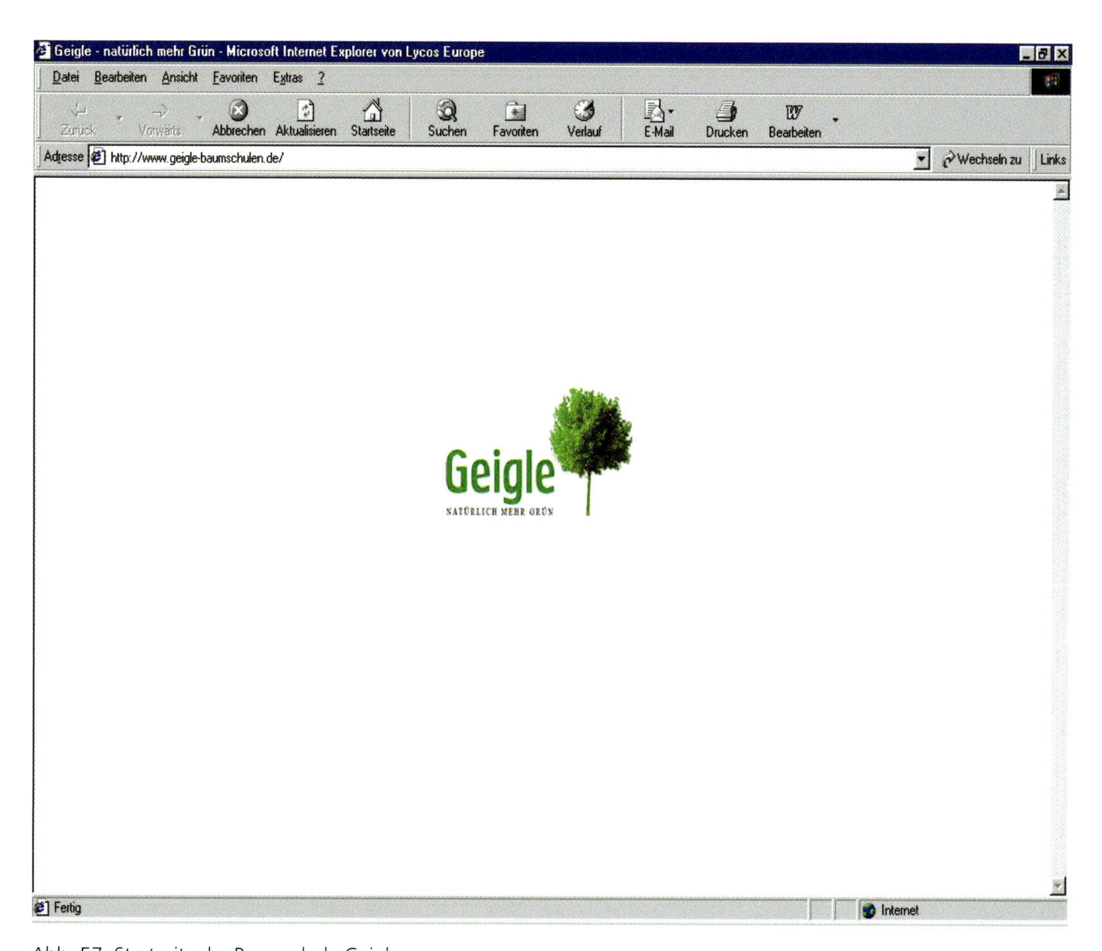

Abb. 57: Startseite der Baumschule Geigle

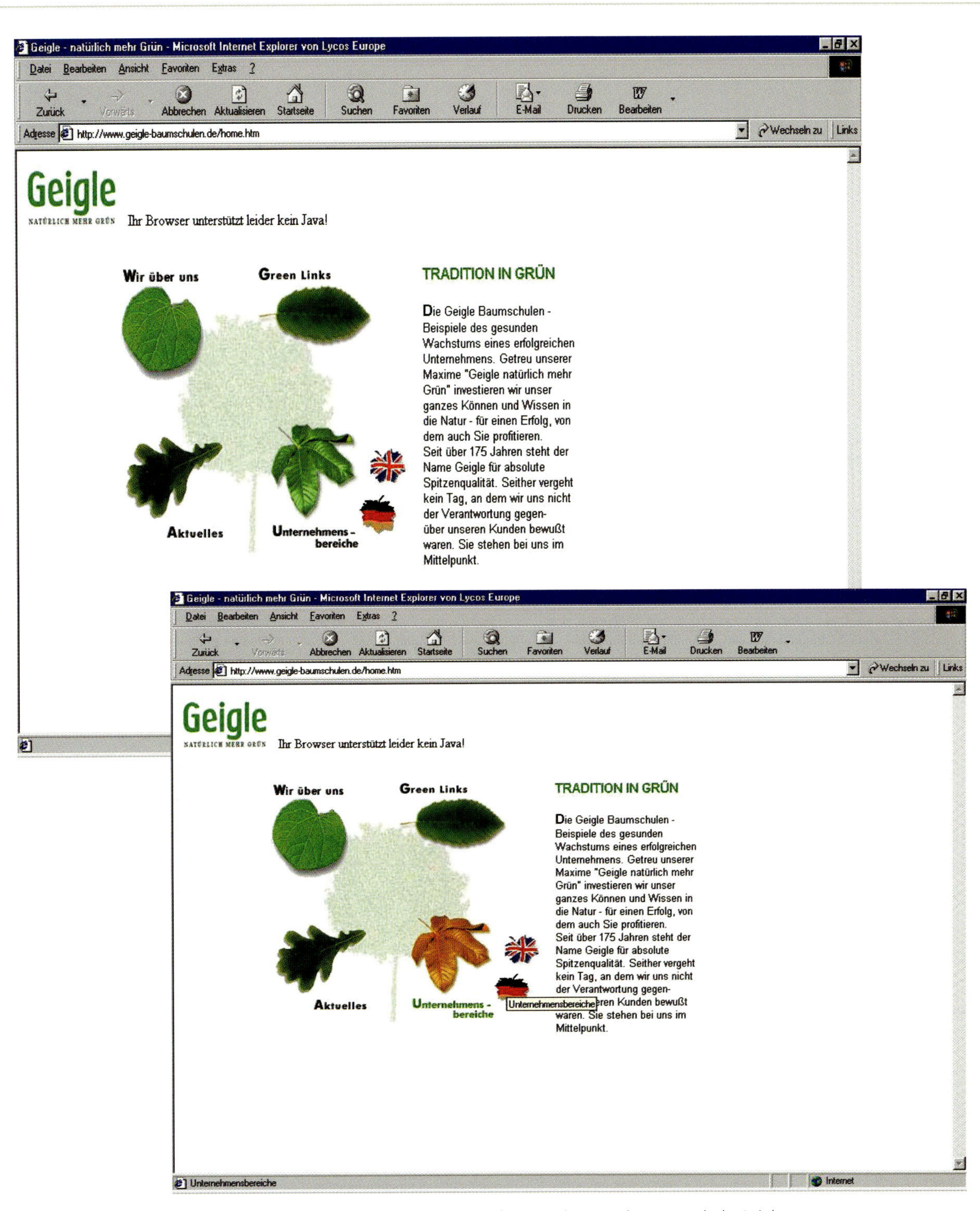

Abb. 58: Die Navigation und Orientierung auf den Webseiten der Baumschule Geigle

Islamische Internetseiten

URL: http://www.arab.net
URL: http://www.asharqalawsat.com
Datum des Zugriffs: 2.2.2003

Grün ist die heilige Farbe des Islam. In arabischen Ländern ist die Farbe Grün eine positive Farbe. In Ländern, die große Wüstengebiete haben, wird die Farbe Grün gleichgesetzt mit Fruchbarkeit und Sicherheit. Diese Symbolik ist in der islamischen Religion verwachsen.

Durch die obengenannten Aspekte könnte man annehmen, dass somit Grün auch relativ häufig im Webdesign benutzt wird. Dies konnte jedoch durch die durchgeführten Recherchen in keiner Weise bestätigt werden.

Die aktuellen Webseiten von arab.net sind eher in Tarnfarben gehalten (oliv, braun, beige, grün). Hier abgebildet ist ein Beispiel aus dem Jahr 2001.

Abb. 59: Webauftritt der Tageszeitung Asharq Al Awsat daily newspaper

Abb. 60: Arabisches Newsportal Arab.net

5.4 Die Farbe Gelb als Gestaltungsmedium

Die Deutsche Post, „Aktie gelb"

URL: http://www.aktiegelb.de

Datum des Zugriffs: 2.2.2003

Die Deutsche Post und ihre Tochterunternehmen haben zahlreiche unterschiedliche Webauftritte. Es ist kein einheitliches Design festzustellen. Die hier speziell ausgesuchte Webseite enthält die typischen Postfarben. Durch die Auswahl eines warmen Gelbtons wurde ein angenehmer Gesamteindruck erreicht.

Die Firmenfarbe der Deutschen Post ergibt sich aus der Fernwirkung von Gelb. Durch diese Eigenschaft waren früher die Telefonhäuschen und Briefkasten sehr gut sichtbar. Das vereinfachte die Suche nach ihnen, da Gelb sofort in einer natürlichen Umgebung als Farbe auffällt.

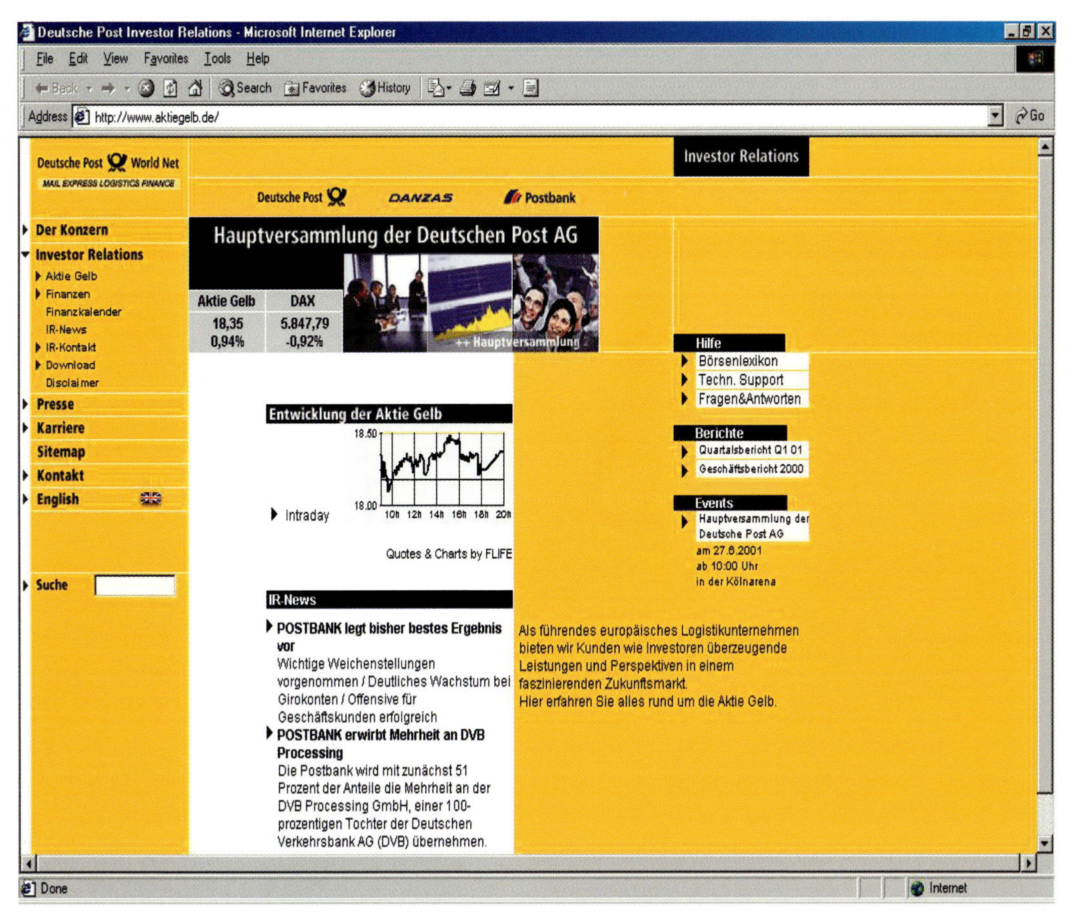

Abb. 61: Webseite der Deutschen Post, „Aktie gelb"

Produkt UHU

URL: http://www.uhu.de

Datum des Zugriffs: 2.2.2003

Das Produkt UHU der Firma Henkel ist im Internet mit seinen bekannten Produktfarben vertreten.

In der Farbsymbolik könnte die Farbe Gelb für Freude, Verspieltheit und Optimismus stehen. Leider wandelt die Farbe Schwarz alle positiven Eigenschaften einer Farbe ins Gegenteil um. Die Farben Schwarz und Gelb stehen als Farbklang für die Begriffe Geiz und Egoismus.

Da der Alleskleber UHU schon immer mit dieser Farbkombination in Verbin-

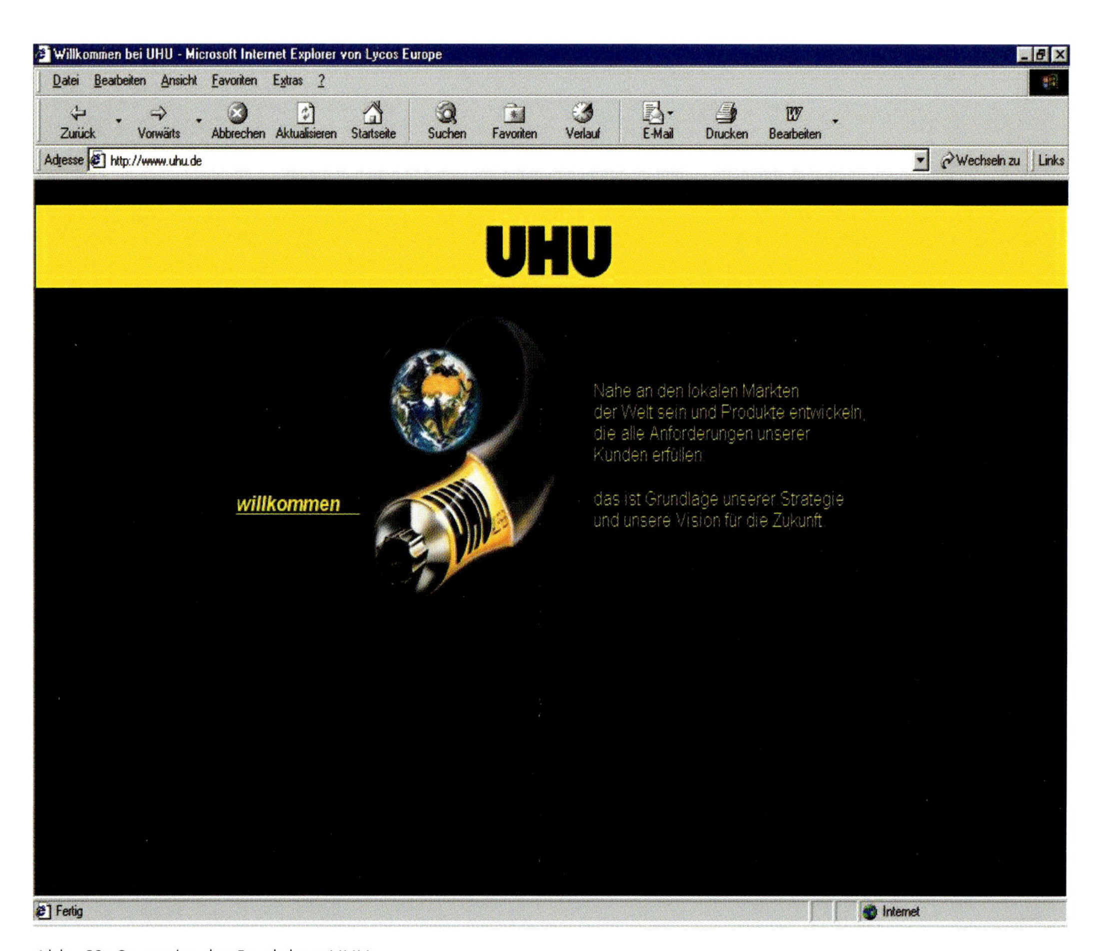

Abb. 62: Startseite des Produktes UHU

dung gebracht wird, ist die Farbgebung hier eindeutig kontextbezogen. Die negierende Eigenschaft von Schwarz kommt nicht zum Tragen.

Das Startseitendesign wirkt durch den Einsatz der Farbe Schwarz geheimnisvoll und unendlich, diese Assoziation wird durch die Grafik noch verstärkt. Hierdurch wird das Interesse des Betrachters geweckt, die weiteren Seiten zu besuchen.

Abb. 63: Folgeseite des Produktes UHU

Unternehmen Tjaereborg
URL: http://www.tjaereborg.de
Datum des Zugriffs: 28.06.2001

Auf der Startseite des Touristikunternehmens Tjaereborg wird plakativ ein sattes und helles Gelb eingesetzt. Durch die Kombination der Schriftfarbe Grün wirkt die Seite lebhaft, frisch und hell. Aufgrund der Farbe Rot wird die Farbkombination etwas wärmer. Die verwendeten Farben entsprechen den Firmenfarben des Unternehmens.

Eine psychologische Assoziation zur Sonne und Wärme entsteht nicht, da

Abb. 64: Startseite des Unternehmens Tjaereborg

das Grün sich zu stark in den Vordergrund stellt. Auf der Startseite soll wohl eher die Lebensfreude angesprochen werden.

Auf den nachfolgenden Seiten werden die Begriffe Sonne und Wärme mit in das Design einbezogen, da das Gelb mit den üblichen Urlaubsaktivitäten in Verbindung gebracht wird. Außerdem entsteht durch den Einsatz der Farbe Blau in den Navigationsgrafiken der Farbklang der Sympathie.

Das Touristikunternehmen Tjaereborg hat seine aktuellen Webseiten neu überarbeitet. Leider ist das Fröhliche und Sonnige verschwunden. Hier zu sehen die Webseiten aus dem Jahr 2001.

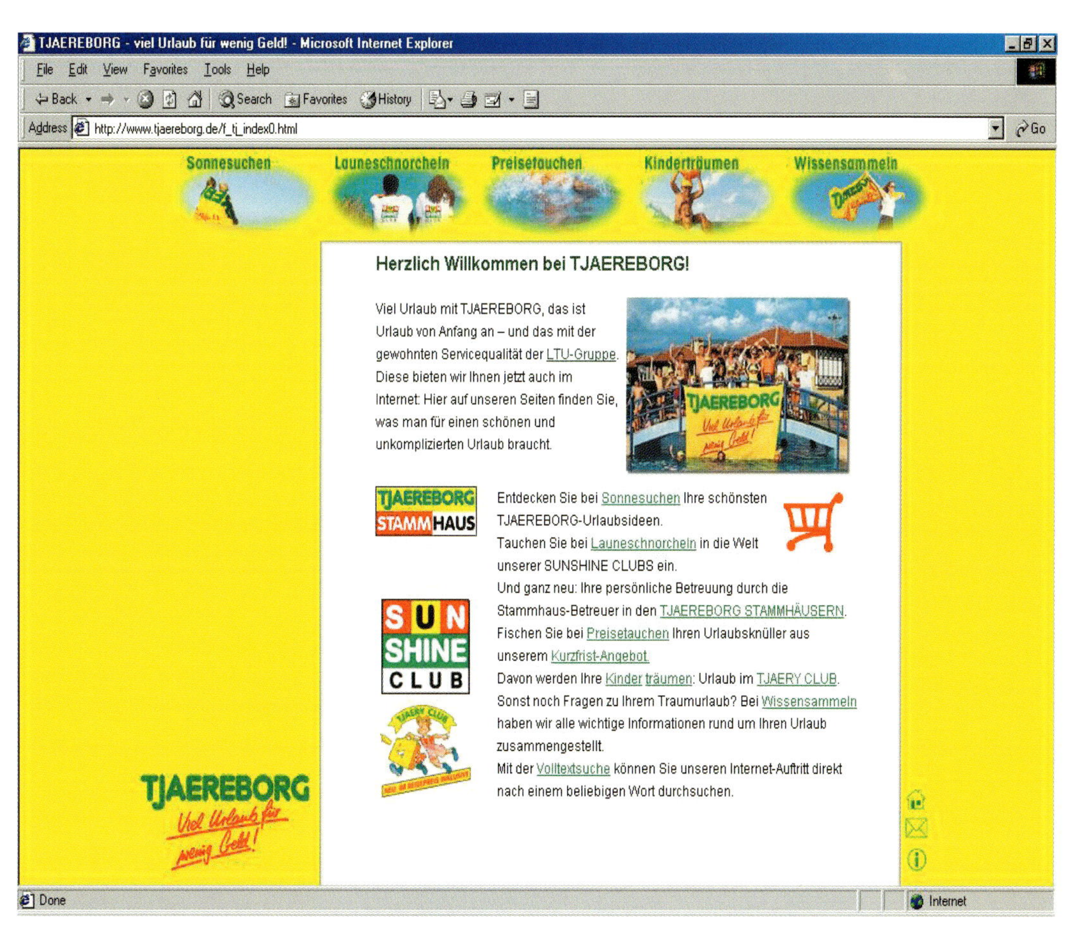

Abb. 65: Webseite des Unternehmens Tjaereborg

Chinesische Internetseiten

URL: http://www.searchbuy.com.cn (†)
URL: http://www.8848.com.cn/
Datum des Zugriffs: 05.09.2001

Gelb ist die höchste Farbe in der chinesischen Farbsymbolik. Orange steht im Konfuzianismus für den Wandel. Durch diese Zusammenhänge könnte man annehmen, dass Gelb auch häufig im Webdesign benutzt wird. Bei den hierzu durchgeführten Recherchen nach chinesichen Internetseiten ist jedoch hinsichlich der gelben Farbe keine Häufigkeit festzustellen. Vielmehr war eine recht bunte Farbauswahl bei den untersuchten Seiten festzustellen.

Searchbuy.com ist im Internet nicht mehr zu finden. Die neuen Webseiten von 8848.com sind jetzt in Blau/Weiß gehalten. Hier abgebildet ist ein Beispiel aus dem Jahr 2001.

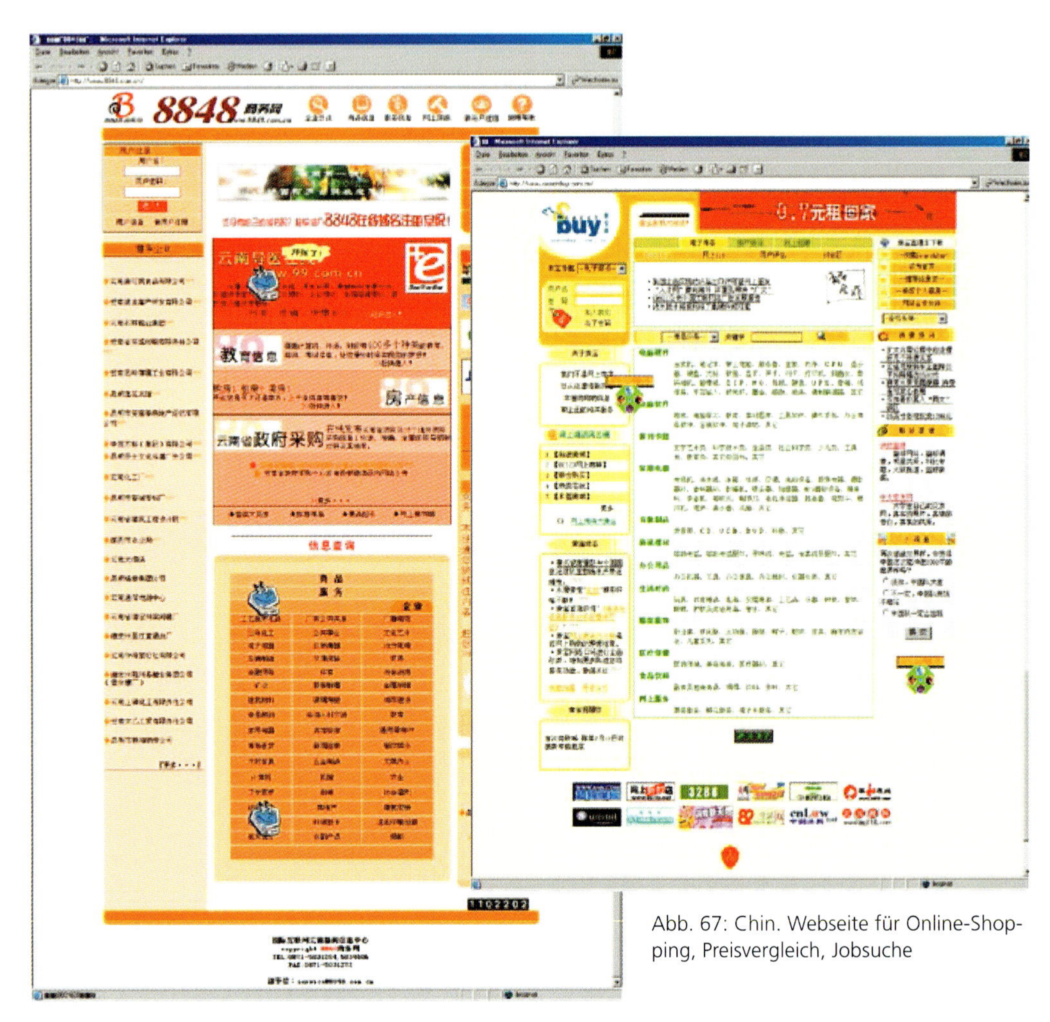

Abb. 67: Chin. Webseite für Online-Shopping, Preisvergleich, Jobsuche

Abb. 66: Chin. E-commerce-Seite von Yun-nan Information Center

5.5 Die Farben Violett und Lila als Gestaltungsmedium

Unternehmen Popcoins

URL: http://www.popcoins.com (†)

Datum des Zugriffs: 08.08.2001

Bei der Webgestaltung des Internetunternehmens Popcoins wird bewusst die Farbsymbolik eingesetzt. Mit dem Farbklang für das „Ausgeflippte" (Lila, Orange, Gelb) soll gezielt die junge Zielgruppe angesprochen werden.

Diese Webseite ist ein sehr schönes Beispiel für den Farbeinsatz der Farbe Lila. Leider ist das Unternehmen Popcoins nicht mehr im Internet zu finden.

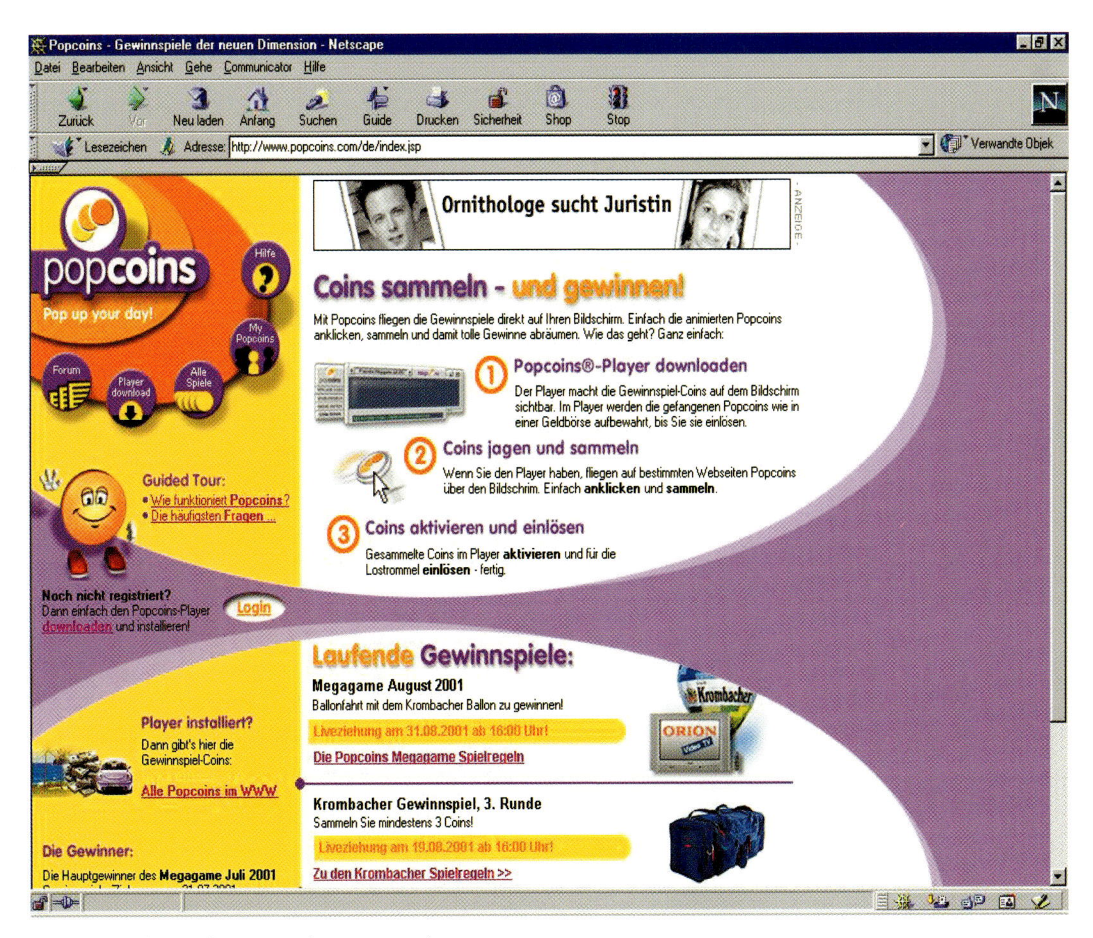

Abb. 68: Webseite des Unternehmens Popcoins

Goldscheideanstalt PAMP

URL: http://www.pamp.com

Datum des Zugriffs: 2.2.2003

Das internationale Unternehmen PAMP ist eine der wichtigsten Goldscheideanstalten weltweit.

Bei dieser Webseitengestaltung wurde bewusst mit der psychologischen Farbwirkung gearbeitet. Durch die Kombination mit den goldenen, silbernen und gelborange leuchtenden Grafiken gelingt ein eindrucksvolles Zusammenwirken von Grafiken und Farben.

Aufgrund des Farbverlaufs von Violettgrau zu Schwarz wirkt die Seite geheimnisvoll. Eine elegante Wirkung

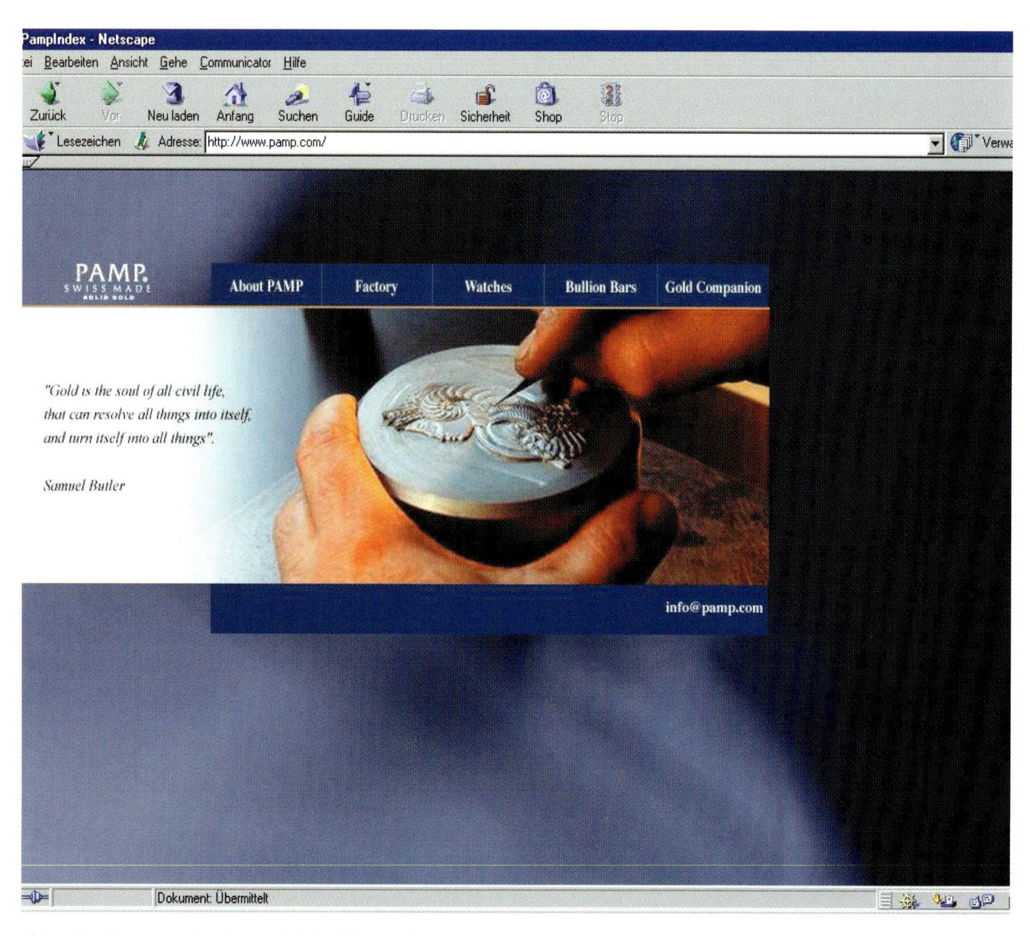

Abb. 69: Eingangsseite der Goldscheideanstalt PAMP

entsteht durch die hell-grau-blauen, fast weißen Schattierungen.

Folgende Farbklänge wurden auf der Startseite sowie den nachfolgenden Seiten erkannt: das Individuelle (Violett, Silber, Gelb), das Extravagante (Violett, Silber, Gold), das Originelle (Violett, Orange, Silber), die Magie (Schwarz, Violett, Gold), das Geheimnisvolle (Schwarz, Violett), das Elegante (Schwarz, Silber / Gold, Weiß).

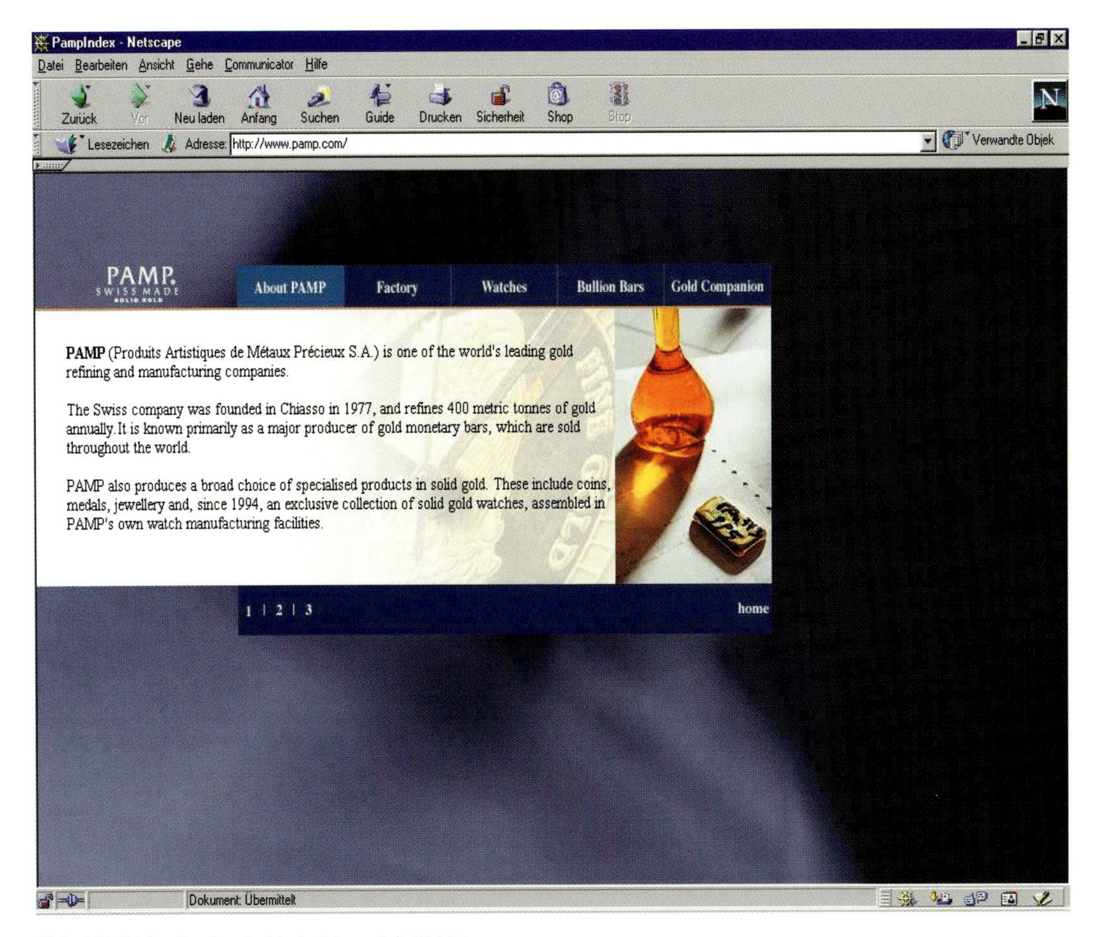

Abb. 70: Webseite der Goldscheideanstalt PAMP

5.6 Die Farbe Rosa als Gestaltungsmedium

Webseite der Homepage-Bewerter

URL: http://
www.homepagebewertung.de
Datum des Zugriffs: 2.2.2003

Die Webseite der Homepage–Bewerter ist in rosafarbenen Tönen und unbunten Farben gehalten.

Hier wurde das Design-Prinzip eingesetzt, welches besagt, dass eine Gestaltung Interesse weckt, wenn man eine Farbe entgegen der konventionellen

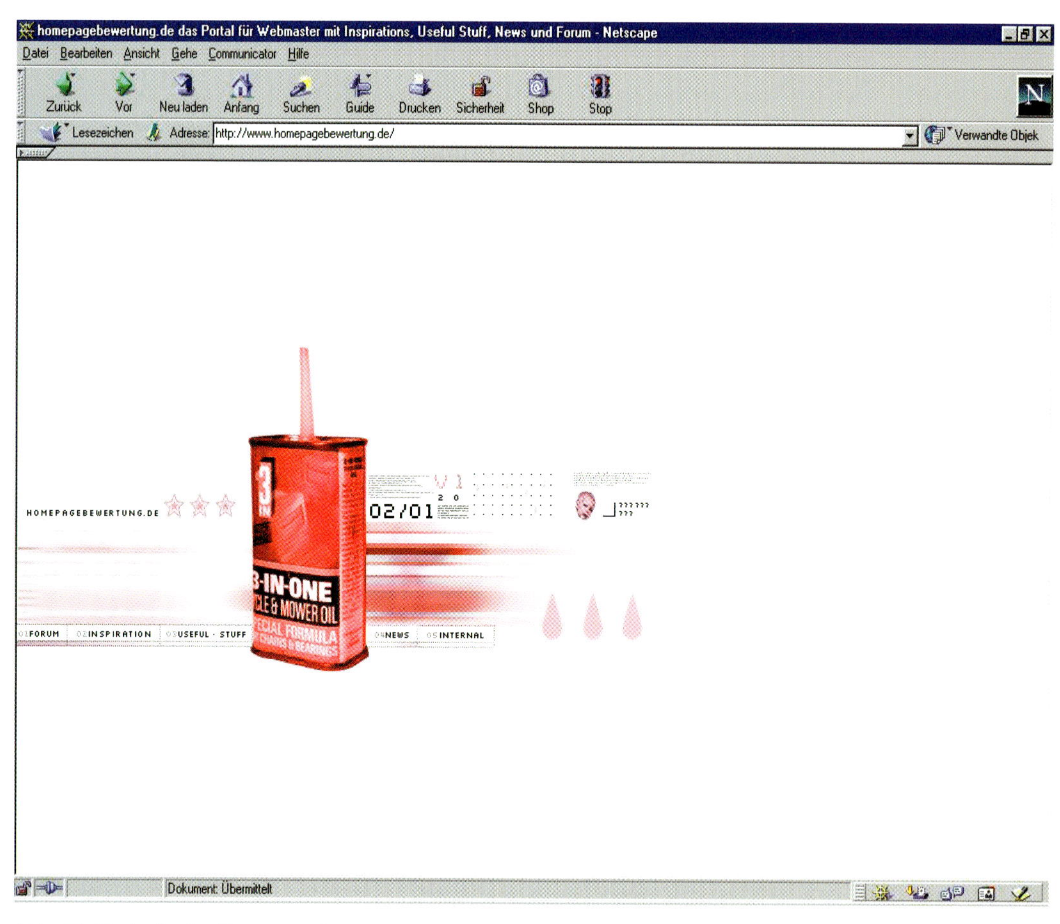

Abb. 71: Startseite der Homepage-Bewerter

Erwartung verwendet. Die Grafiken (z. B. die Ölflasche) sind mit dem zarten und sanften Rosa kombiniert.

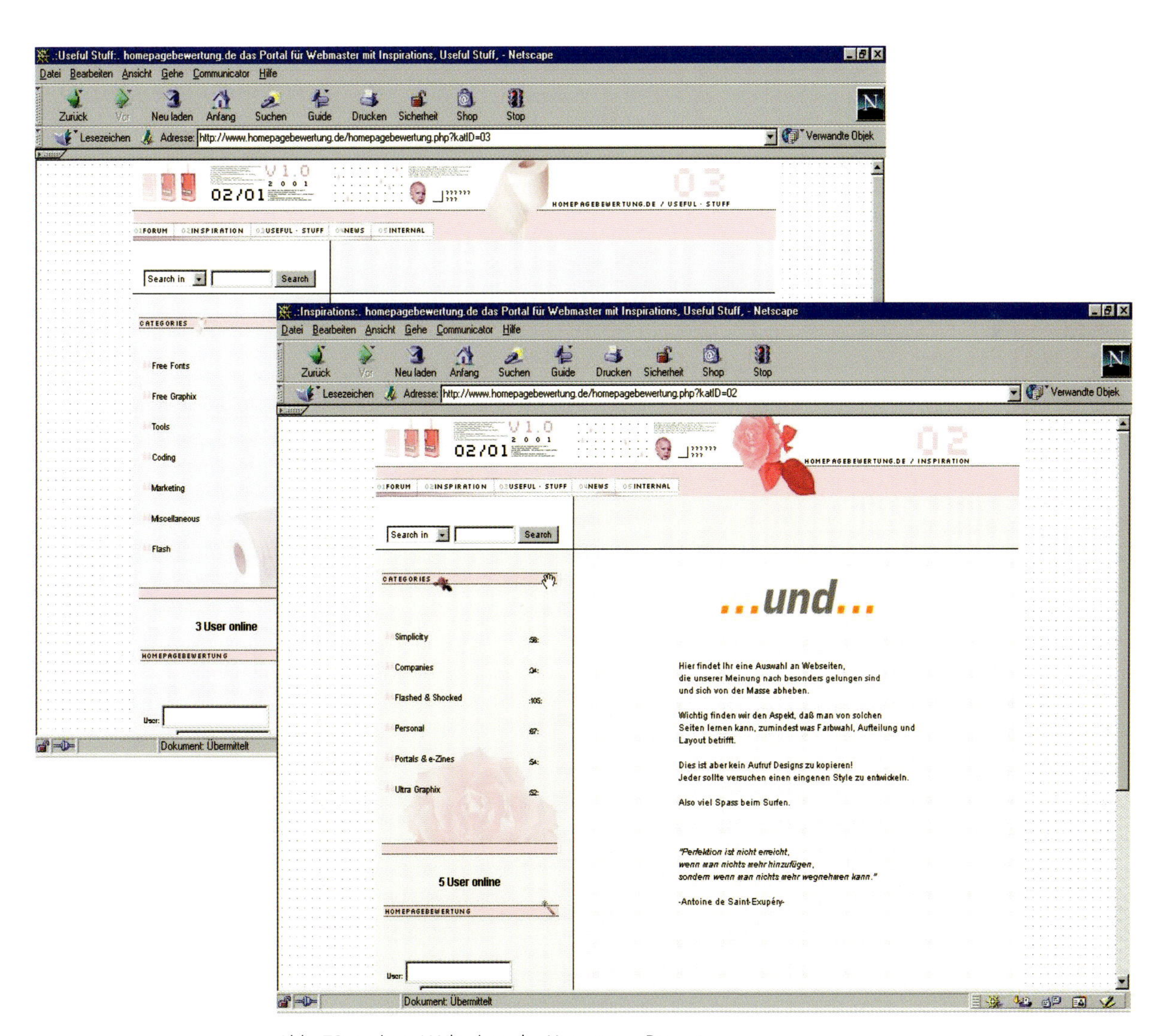

Abb. 72: weitere Webseiten der Homepage-Bewerter

Kosmetikfirma Pilca

URL: http://www.pilca.de

Datum des Zugriffs: 2.2.2003

Die Kosmetikfirma Pilca hat ihre Internetseiten auf die weibliche Zielgruppe ausgelegt. Der rosafarbene Hintergrund vermittelt Weiblichkeit, diese Wirkung wird durch die Grafik unterstützt.

Die Farbklänge der Zärtlichkeit (Rosa, Rot, Weiß), der Sensibilität (Rosa, Violett, Weiß) und der Weiblichkeit

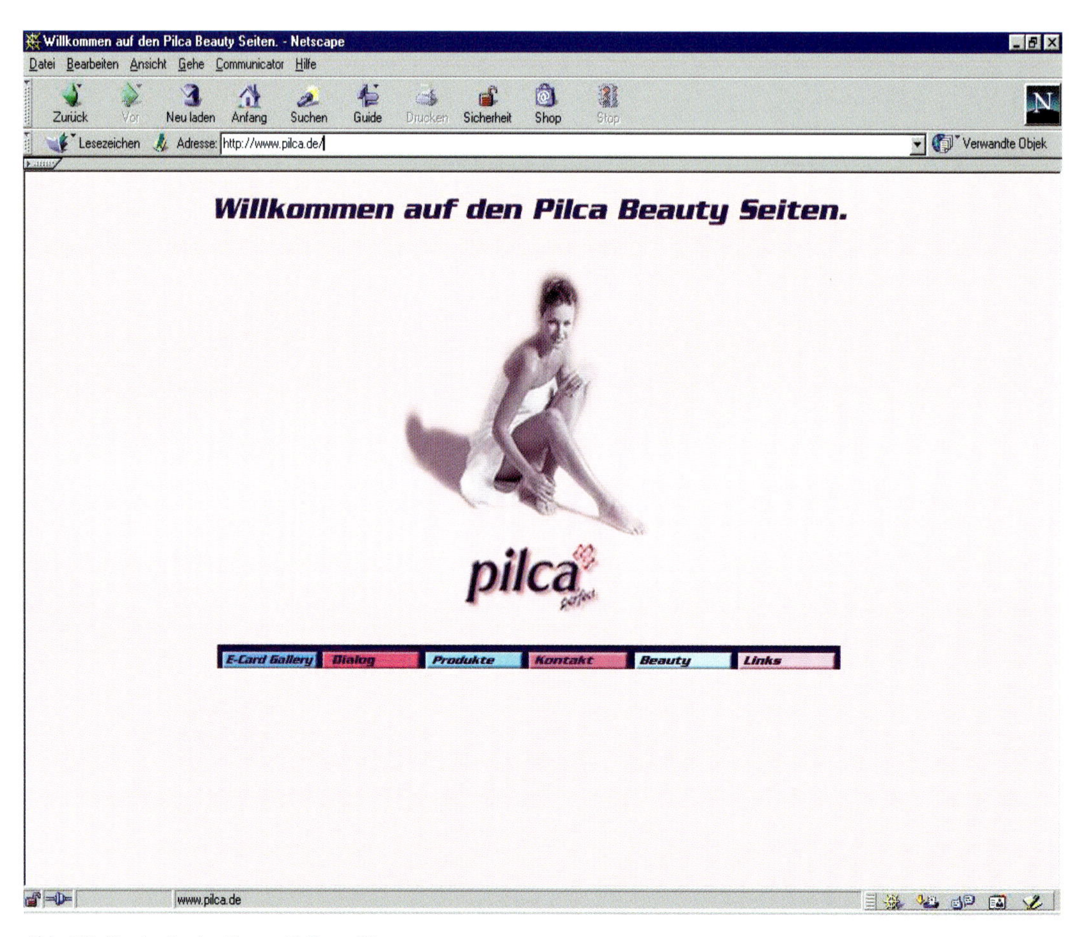

Abb. 73: Startseite der Kosmetikfirma Pilca

(Rosa, Rot, Violett) sind bewusst durch die Schrift, Grafik und Farbe eingesetzt. Das Rot der Farbklänge wurde zur Farbnuance Pink, diese passt harmonischer in das grafische Gesamtkonzept. Die hellblauen Elemente wirken auffrischend.

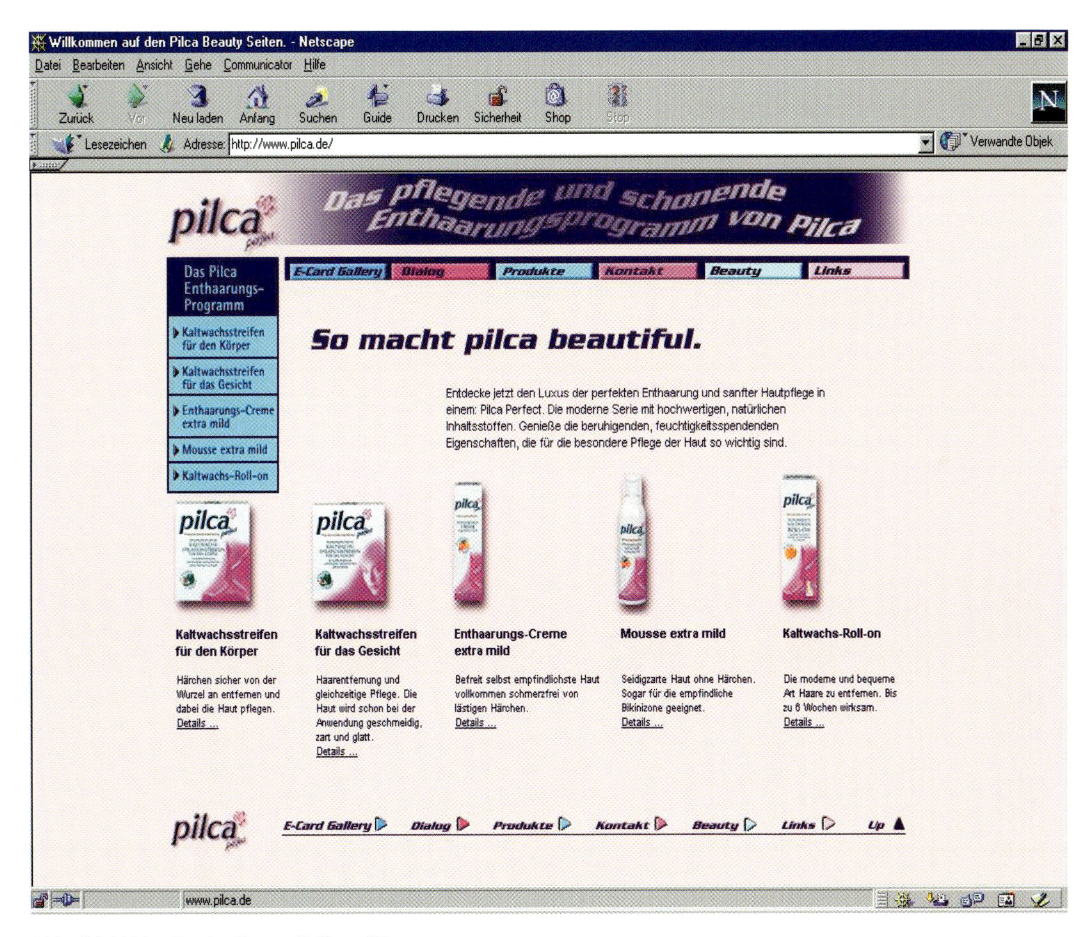

Abb. 74: Webseite der Kosmetikfirma Pilca

5.7 Die Farbe Orange als Gestaltungsmedium

Internetfirma Paybox

URL: http://www.paybox.de

Datum des Zugriffs: 2.2.2003

Die Internetfirma Paybox setzt ihre Firmenfarben in ihrem Webauftritt ein. Dies sind die Farben Orange, Gelb und Rot, die in ihrer Kombination für den Farbklang des Vergnügens stehen.

Zur Zeit ist Orange ein moderne Farbe, da ihre Lebhaftigkeit, Wärme und Ausgelassenheit in den Vordergrund gerückt ist. Außerdem ist sie ein Gegensatz zu den zuvor modernen kühlen Blautönen.

Durch ihre optische Aufdringlichkeit ist die Farbe Orange bei vielen unbeliebt, trotzdem wird sie häufig gerade wegen ihrer auffallenden Wirkung in der Gestaltung eingesetzt.

Abb. 75: Webseite der Internetfirma Paybox

Indische Webseiten

URL: http://www.akiladaily.com
URL: http://www.jagran.com
Datum des Zugriffs: 2.2.2003

In Indien hat die Farbe Orange eine wichtige Bedeutung. Sie wird dort als symbolische Hautfarbe gesehen. In der buddistischen Religion ist Orange die Farbe der Erleuchtung. Durch die obengenannten Auffassungen könnte man daher annehmen, dass Orange eine Farbe ist, die häufig im Webdesign zu finden ist. Diese Vermutung konnte jedoch nicht bestätigt werden.

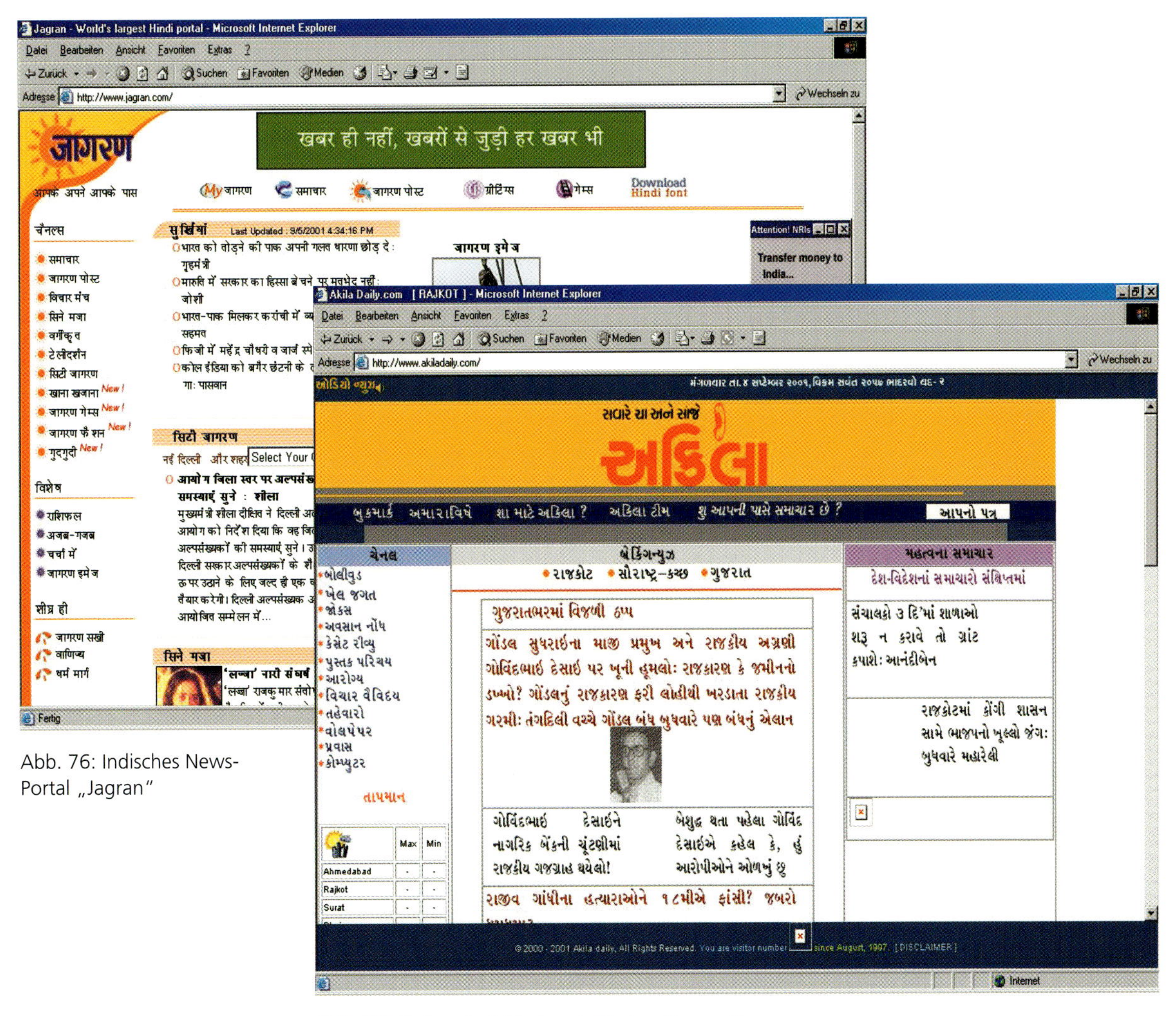

Abb. 76: Indisches News-Portal „Jagran"

Abb. 77: Online-Auftritt einer indischen Tageszeitung

5.8 Die Farbe Braun als Gestaltungsmedium

Bundesverband der Hersteller von löslichem Kaffee

URL: http://www.kaffee.de

Datum des Zugriffs: 2.2.2003

Auf der Startseite des Bundesverbandes der Hersteller von löslichem Kaffee (BLK) wird die psychologische Wirkung von Farben gezielt und erfolgreich eingesetzt.

Beim Betrachten dieser Webseite riecht und schmeckt man förmlich das Kaffeegetränk. Durch den entsprechenden Farbverlauf wird Wärme und Behaglichkeit vermittelt.

Abb. 78: Startseite des Bundesverbandes der Hersteller von löslichem Kaffee

Eigentlich ist die Farbe Braun überwiegend negativ belegt, eine ihrer positiven Assoziationen liegt im Kontext zu aromatischen Genussmitteln.

Auf der Folgeseite wird das Gefühl von Wärme und Behaglichkeit durch helles Beige und warmes Gelb fortgesetzt. Genuss, Wohlbehagen, Wärme und Sonne sind Eigenschaften, die mit Kaffee assoziiert werden.

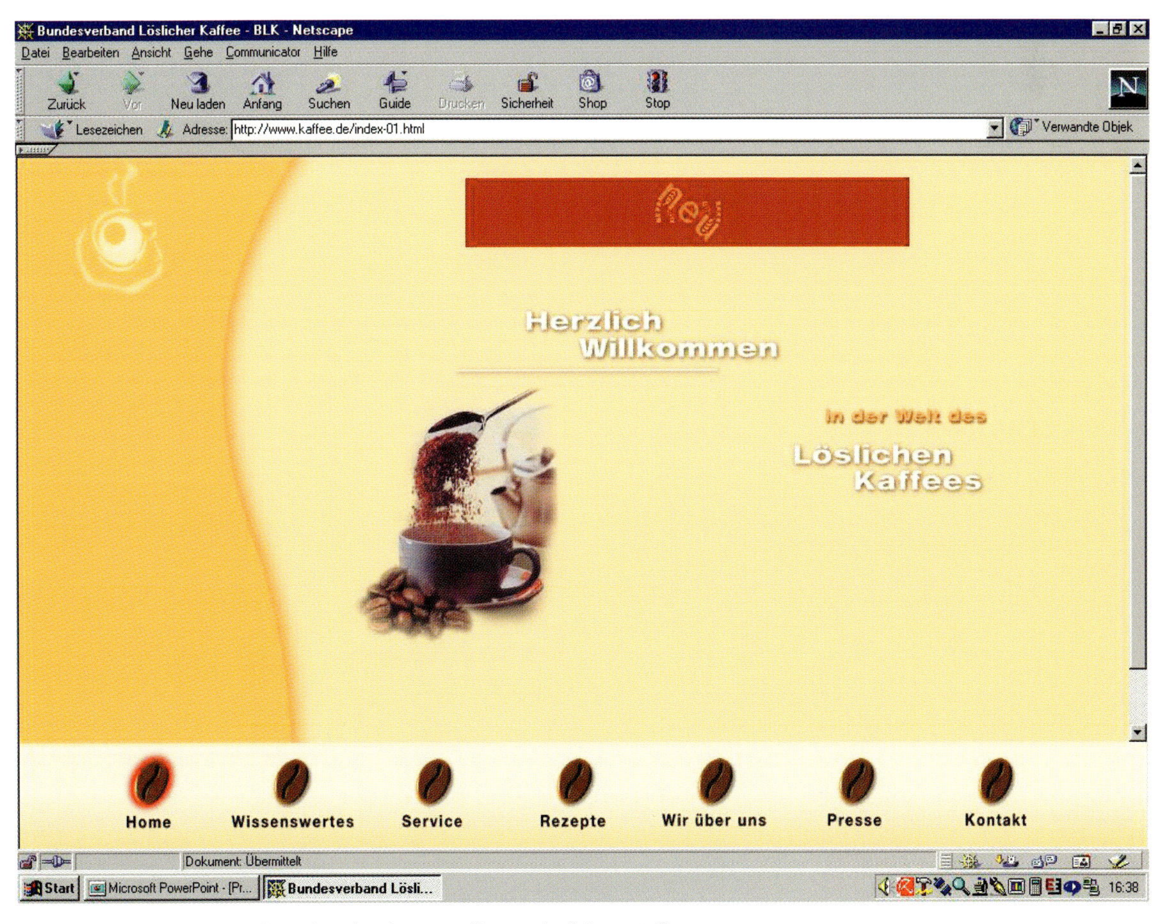

Abb. 78: Webseite des Bundesverbandes der Hersteller von löslichem Kaffee

Zigarettenfirma Davidoff

URL: http://www.davidoff-cigarettes.de/1/1.1/php

Datum des Zugriffs: 2.2.2003

Die Internetseiten der Zigarettenfirma Davidoff sind ein schönes Beispiel, wie attraktiv Brauntöne wirken können. Die Startseite vermittelt durch den überwiegenden schwarzen Hintergrund Eleganz, die Brauntöne erzeugen ein warmes Bild von einer behaglichen Abendstunde. Des Weiteren wird Geselligkeit suggeriert, sowie das Klischee einer Zigarette zum Kaffee. Durch die Kombination von Farben und Grafiken wird auf der Startseite schon ein breites Spektrum an Gefühlen angesprochen.

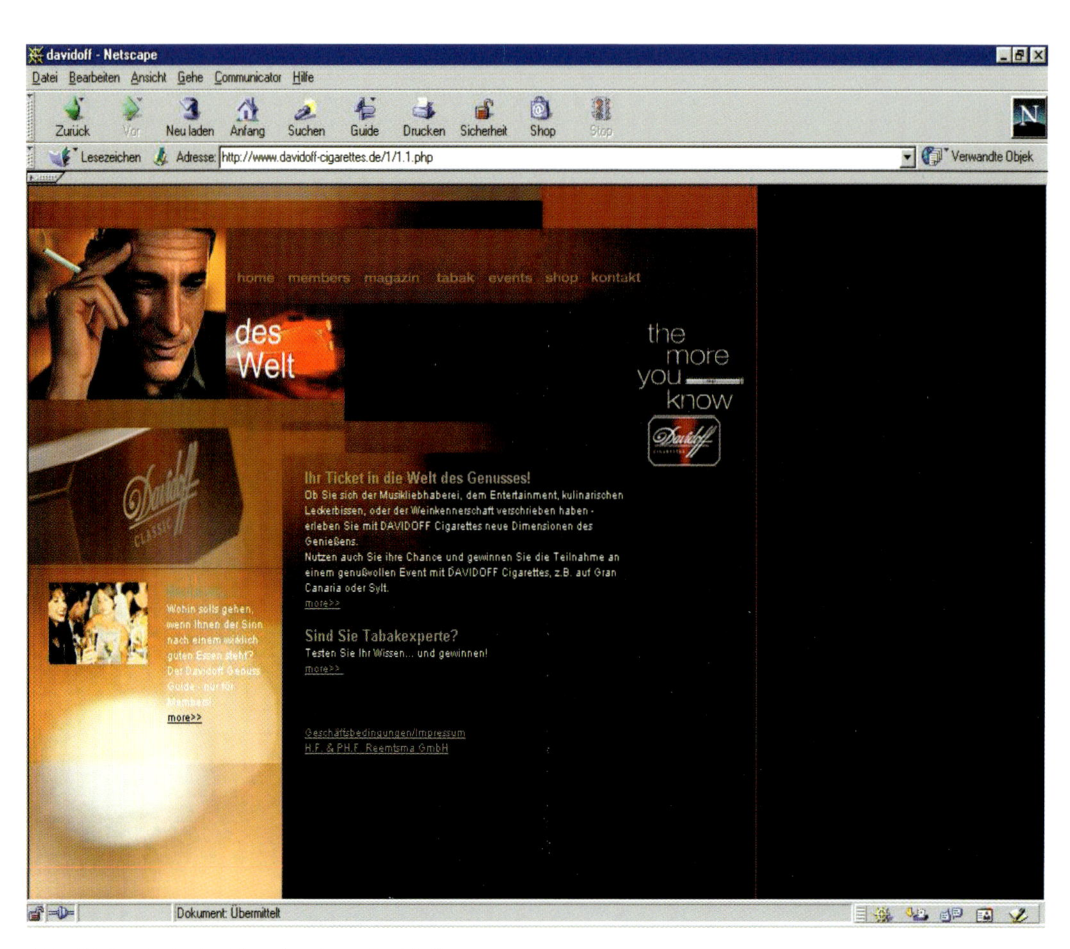

Abb. 80: Startseite der Zigarettenfirma Davidoff

Abb. 81: weitere Webseiten der Zigarettenfirma Davidoff

5.9 Die Farbe Weiß als Gestaltungsmedium

Kosmetikkonzern Lancôme

URL: http://www.lancome.com

Datum des Zugriffs: 16.06.2001

Auf der Startseite des französischen Kosmetikkonzerns Lancôme wird ebenfalls die psychologische Farbwirkung erfolgreich eingesetzt.

Der weiße Hintergrund in Verbindung mit der Grafik der weißen Rose vermittelt Reinheit, Eleganz und Vollkommenheit. Auch die Eigenschaft des Leichten wird assoziiert.

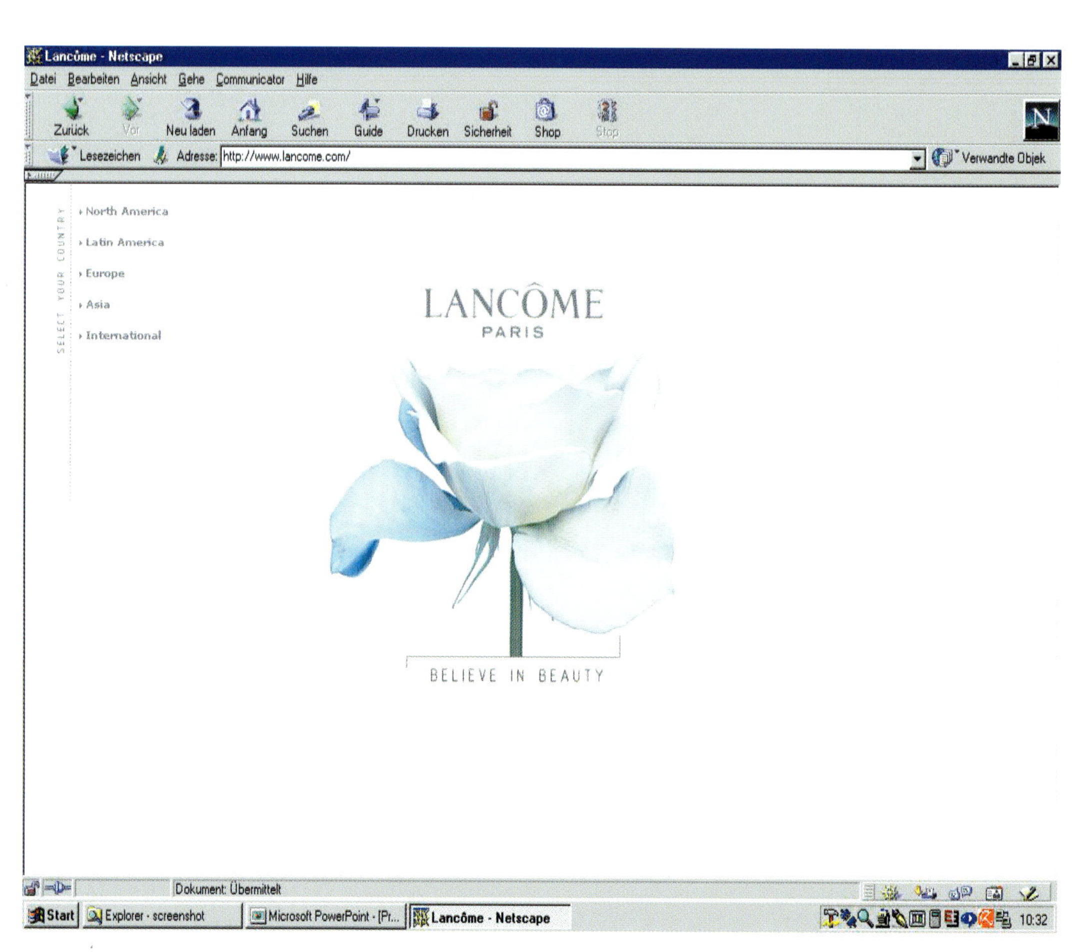

Abb. 82: Startseite des Kosmetikkonzerns Lancôme

Die Folgeseite ist in Pastellfarben gehalten. Die Assoziationen der Startseite setzen sich fort. Außerdem stehen die Pastellfarben, vor allem das Rosa, für das Weibliche und das Jugendliche.

Grundsätzlich gilt, dass sich Weiß gut als Hintergrundfarbe eignet, da es Klarheit und Ordnung vermittelt. Wenn die Lesbarkeit auf einer Webseite im Vordergrund steht, sollten keine rein weißen Hintergründe gewählt werden, da sonst die Augen schnell ermüden.

Die aktuelle Startseite des Unternehmens Lancôme ist ebenfalls sehr schön gestaltet. Ihr fehlt allerdings die Reinheit und Unberührtheit des hier gezeigten Beispiels aus dem Jahr 2001.

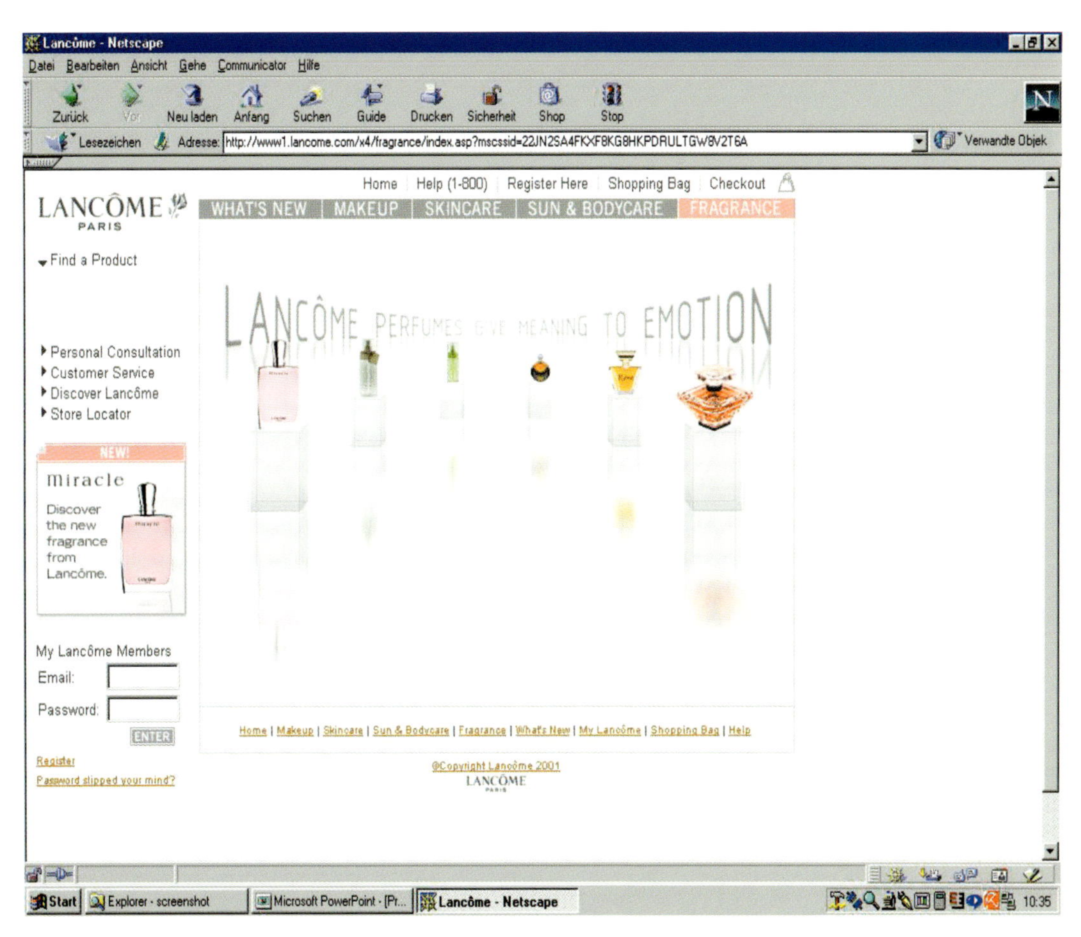

Abb. 83: Webseite des Kosmetikkonzerns Lancôme

Unternehmen Merziger
URL: http://www.merziger.de
Datum des Zugriffs: 08.07.2001

Auf der Webseite der Firma Merziger, die Fruchtsäfte sowie -brände herstellt, wird Weiß als Hintergrund eingesetzt. Durch diesen werden die Eigenschaften Reinheit und Ordnung assoziiert. Die Farben der Grafiken werden aufgrund des großen Kontrasts hervorgehoben und wirken somit leuchtend. Es werden warme Farben eingesetzt, das Weiß

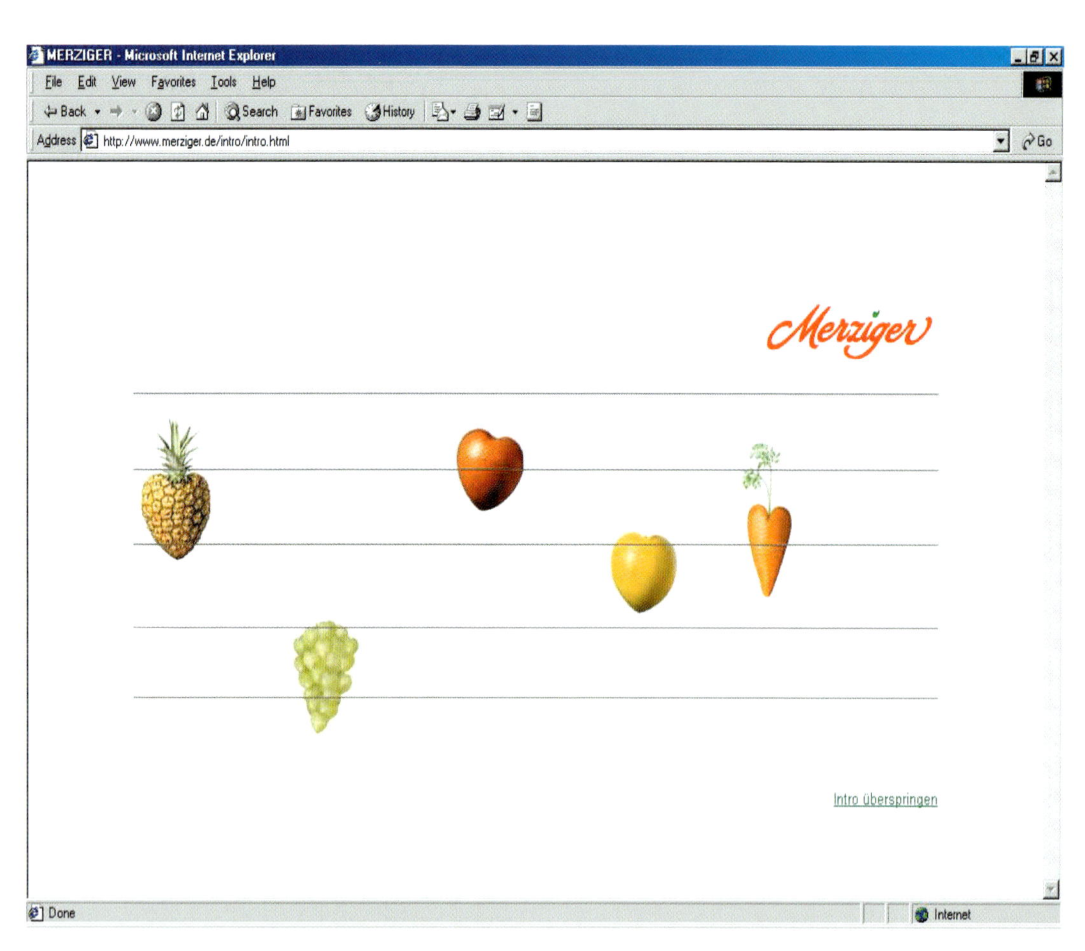

Abb. 84: Intro des Unternehmens Merziger

wirkt erfrischend, aber nicht kühl. Die Grafiken sind gleichzeitig für die Navigation zuständig.

Leider hat Merziger seine schönen Webseiten überarbeitet. Den neuen Webseiten fehlt die Übersichtlichkeit des hier gezeigten Beispiels aus dem Jahr 2001.

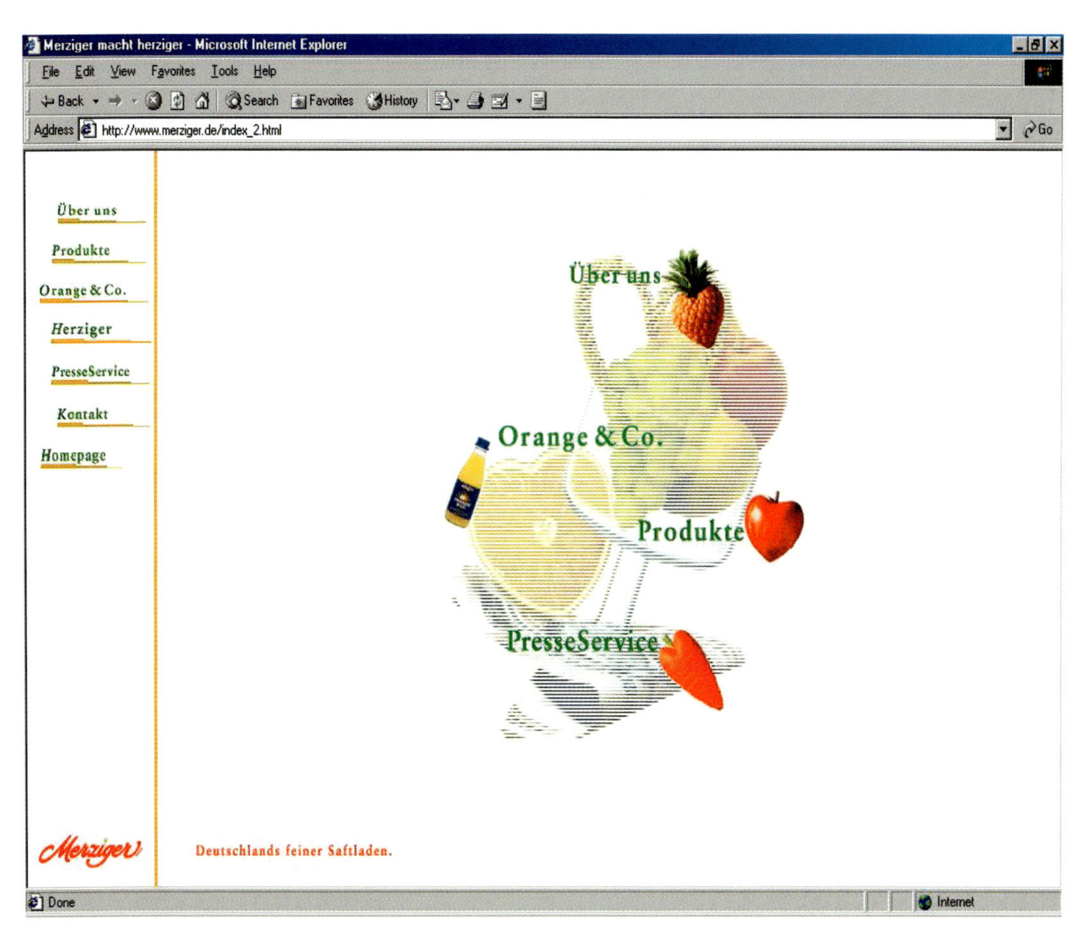

Abb. 85: Startseite des Unternehmens Merziger

5.10 Die Farbe Grau als Gestaltungsmedium

Energiedienstleister EnBW

URL: http://www.personal.enbw.com (†)

Datum des Zugriffs: 28.06.2001

Der Energiedienstleister EnBW setzt auf seiner Webseite, die er speziell für die Personalsuche ins Internet gestellt hat, die Farbe Grau als Gestaltungsmittel ein.

Hier bewirkt die Farbe Grau Nüchternheit, Neutralität und Sachlichkeit. Das eingesetzte Orange stellt jedoch flächenmäßig zu wenig Kontrast zum Grau dar, weswegen auch der Eindruck von Langeweile entsteht. Die Farbe Orange wird hauptsächlich zur Navigation

Abb. 86: Startseite des Energiedienstleisters EnBW

eingesetzt. Bei einem „mouse-over“ über die Grafiken erscheint ein orangefarbener Rahmen und die weiterführende Navigation wird freigelegt. Die Farbe Orange steht für Energie und Aktivität.

EnBW setzt auf ihren aktuellen Seiten noch mehr auf Orange. Das hier gezeigte Beispiel aus dem Jahr 2001 ist nicht mehr im Internet. Jetzt sind alle Einzelwebseiten unter enbw.com zusammengefasst.

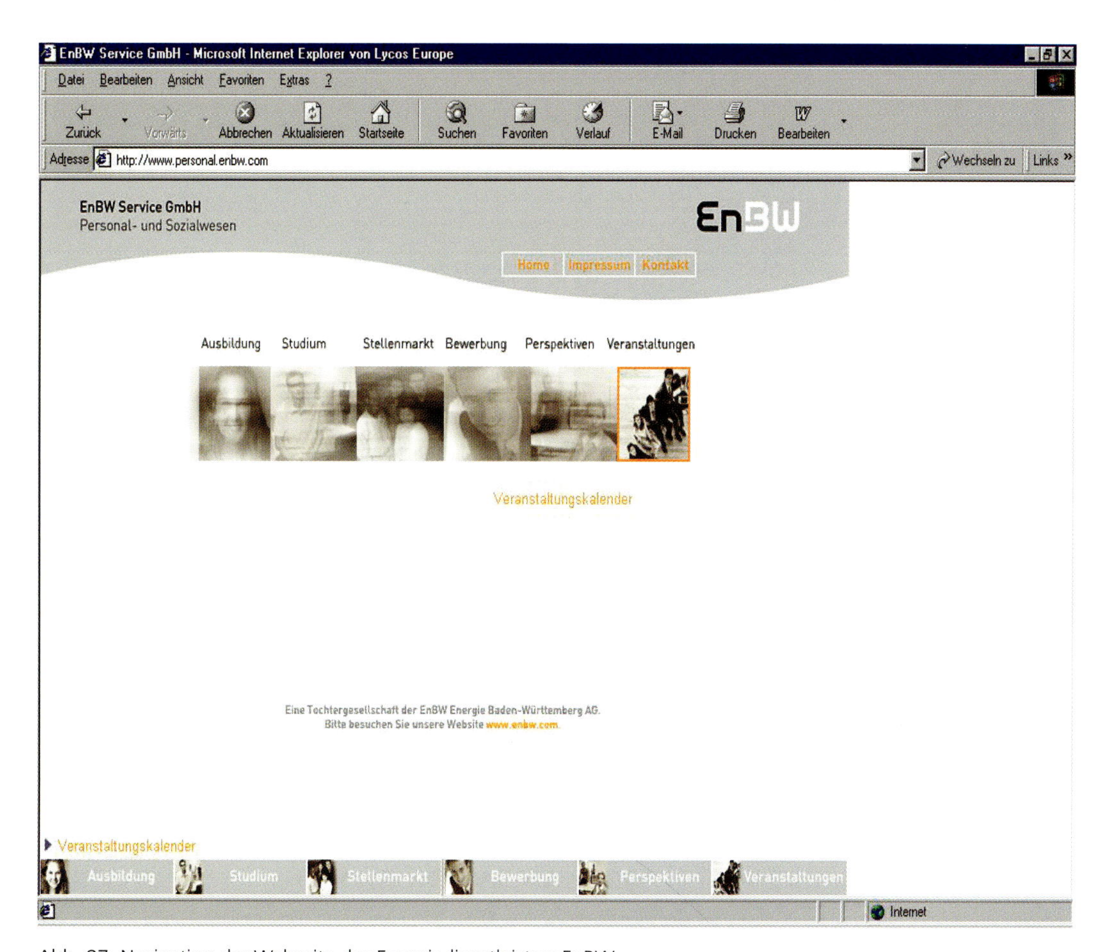

Abb. 87: Navigation der Webseite des Energiedienstleisters EnBW

Unternehmen Kabel New Media (†)

URL: http://www.kabel.de/de/home/topinhalt.html

Datum des Zugriffs: 01.07.2001

Der Internetauftritt des Unternehmens Kabel New Media wirkt durch die Kombination aus Grau, Schwarz und Weiß sehr elegant. Durch die nüchternen Formen und die unterschiedlichen Grautöne entsteht Sachlichkeit, die auch Technologie widerspiegelt. Die Farbe hellgrün wirkt hierbei als „Farbklecks“

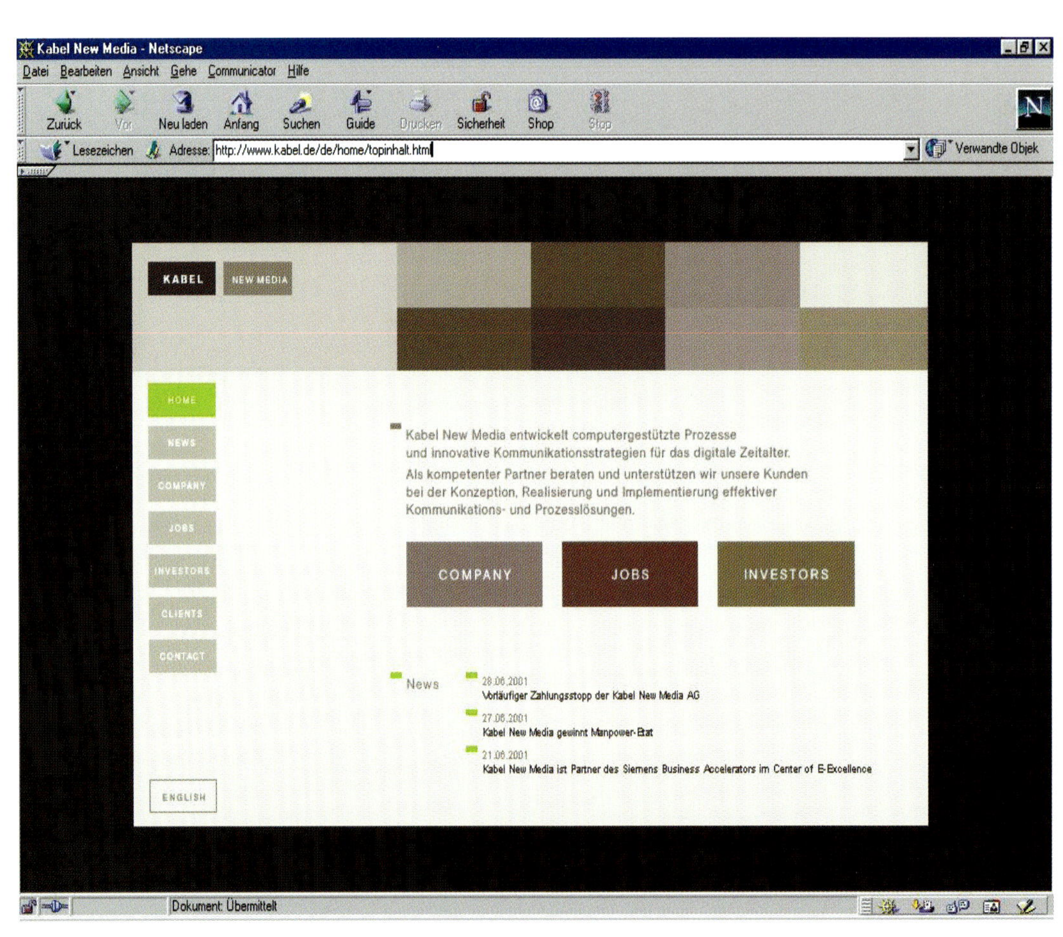

Abb. 88: Startseite des Unternehmens Kabel New Media

und sorgt dafür, dass die Farbkombination nicht langweilig wird – es entsteht Frische und Moderne. Gleichzeitig dient es der Orientierung.

Leider hat diese schöne Webseite aus dem Jahr 2001 der Firma kein Glück gebracht, da es Kabel New Media als Unternehmen nicht mehr gibt.

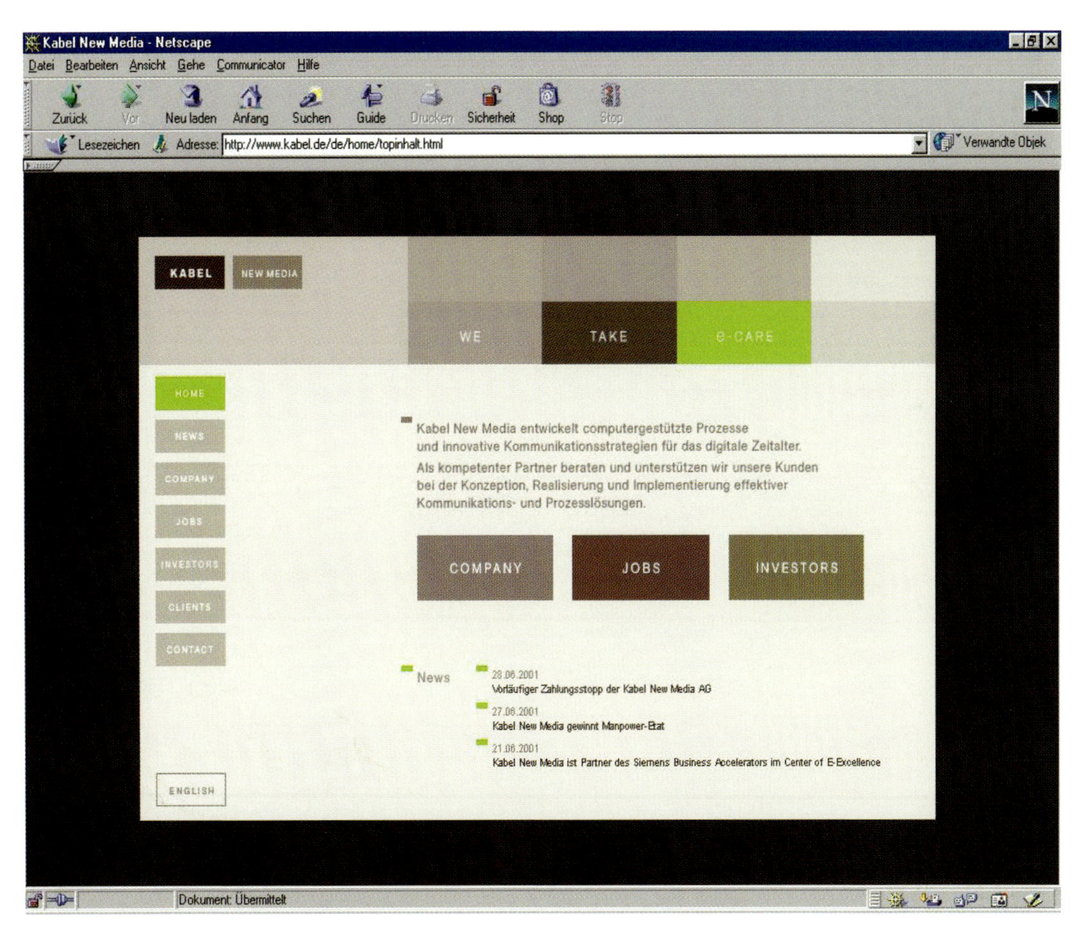

Abb. 89: Orientierungspunkte auf den Webseiten des Unternehmens Kabel New Media

5.11 Die Farbe Schwarz als Gestaltungsmedium

Zigarettenpapierhersteller OCB

URL: http://www.ocb.de

Datum des Zugriffs: 2.2.2003

Auf den Webseiten des französischen Zigarettenpapierherstellers OCB wird die psychologische Farbwirkung angewandt.

Durch die Farbe Schwarz wirkt die Webseite geheimnisvoll, es wird Neugierde geweckt. Das verwendete Blau ist die Firmenfarbe von OCB, es erzeugt in Kombination mit der weißen Schrift einen kühlen Effekt. Außerdem unterstützt es die Assoziation des Geheimnisvollen. Die Farbe Orange wirkt als Kontrast warm, zusätzlich wird sie zur Orientierung und Navigation verwendet.

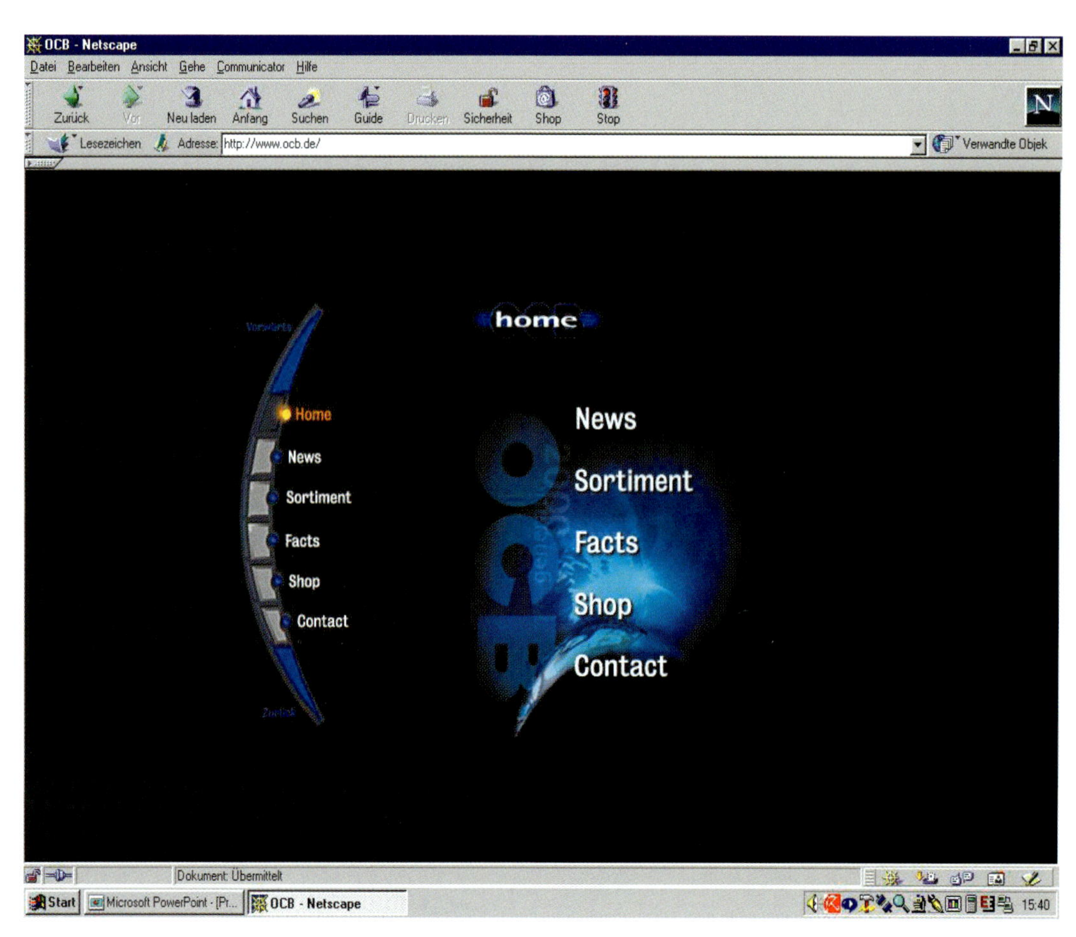

Abb. 90: Webseite des Zigarettenpapierherstellers OCB

Produkt Afri-Cola

URL: http://www.afri-cola.de

Datum des Zugriffs: 28.06.2001

Das Produkt Afri-Cola des Mineralbrunnens Überkinger-Teinach ist im Internet mit seinen bekannten Produktfarben vertreten: Schwarz und Weiß.

Das witzige, extravagante Design soll einerseits die jugendliche Zielgruppe ansprechen, anderseits soll der Kultcharakter hervorgehoben werden. Das Produkt wird als besonderes Erlebnis dargestellt. Hier steht die Farbe Schwarz für die Nacht und das Geheimnisvolle.

Die Webseite wurde 2003 neu überarbeitet. Hier ist ein Beispiel aus dem Jahr 2001 abgebildet. Alt oder Neu – es wird immer mit den Farben Schwarz oder Weiß gestaltet.

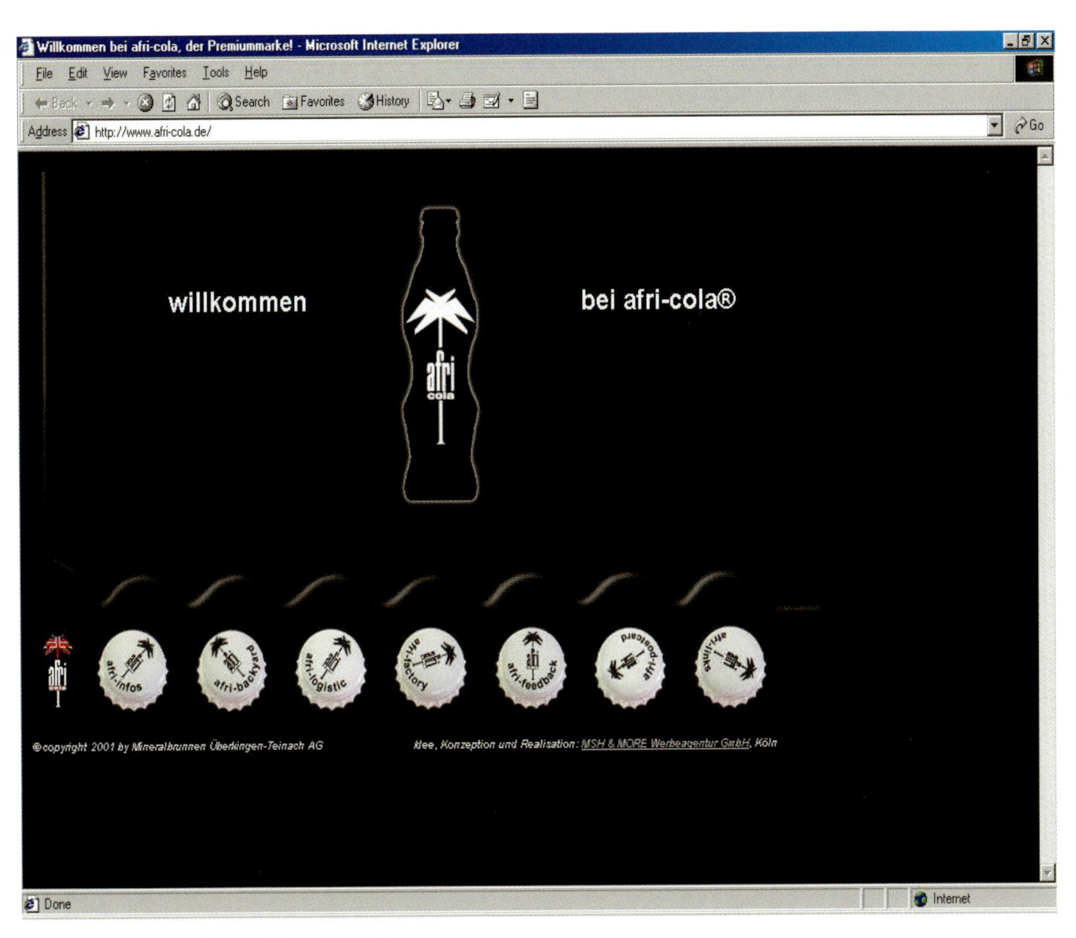

Abb. 91: Webseite des Produktes Afri-Cola

5.12 Die kulturelle Farbwirkung am Beispiel des Unternehmens Siemens

URL: http://www.siemens.com
Datum des Zugriffs: 02.07.2001

Der Großkonzern Siemens ist im Internet mit vielen Webseiten vertreten. Bemerkenswert ist, dass es zu jedem ausländischen Standort, der im Internet vertreten ist, eine kulturspezifische Webseite gibt. Nachfolgend einige Beispiele:

Die hier gezeigten Webseiten aus dem Jahr 2001 existieren in dieser Form nicht mehr. Sie zeigen die Vielfältigkeit eines internationalen Unternehmens. Siemens hat allen internationalen Webseiten ein einheitliches Erscheinungsbild gegeben. Nur die Farbgestaltung ist auf jeder Länderseite unterschiedlich. Die neuen Webseiten sind im Stil der Länder „Deutschland", „Niederlande" und „Südafrika" gestaltet.

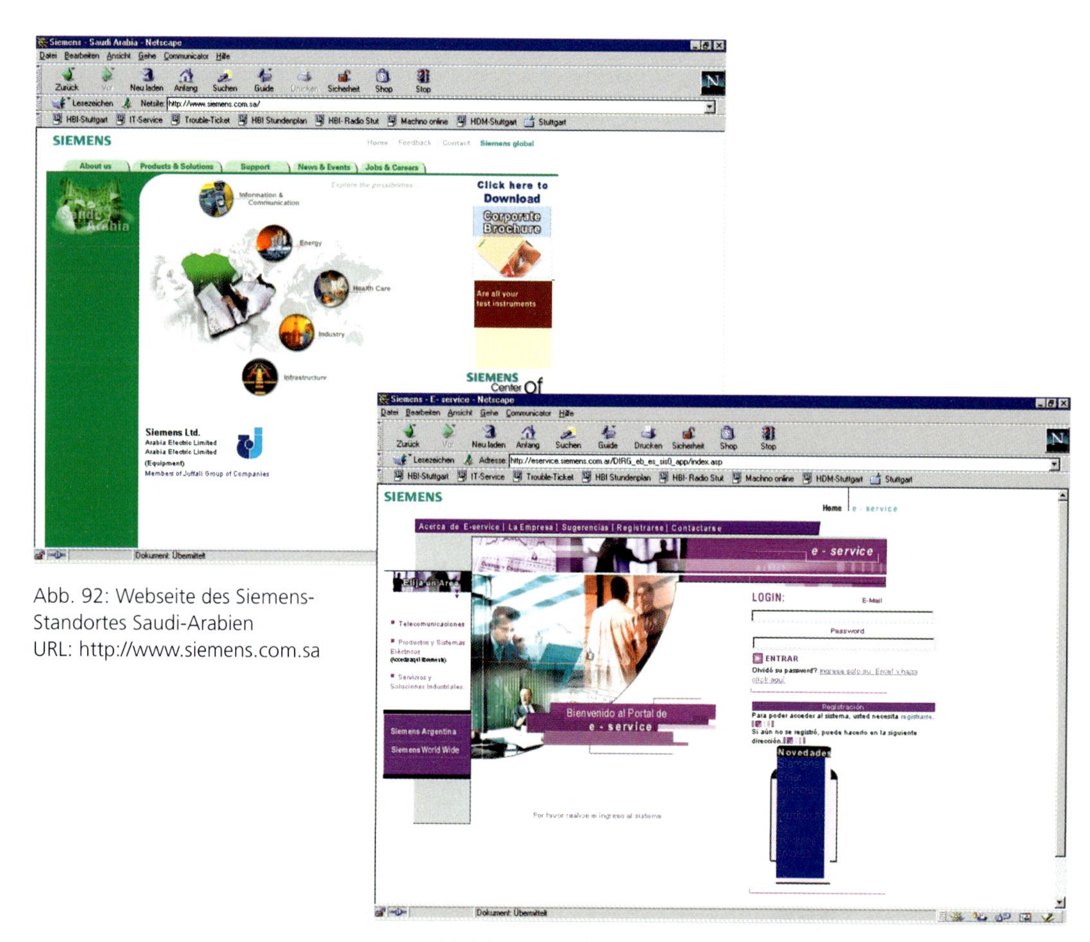

Abb. 92: Webseite des Siemens-Standortes Saudi-Arabien
URL: http://www.siemens.com.sa

Abb. 93: Webseite des Siemens-Standortes Argentinien
URL: http://www.siemens.com.ar

Die Internetseite von Siemens Deutschland ist bemerkenswert bunt und leuchtend, die gleiche Farbkombination wurde auch in anderen Länder-Standorten verwendet (z. B. Estland, Finnland, Luxemburg, ...).

Die Farben Orange und Gelb vermitteln Wärme und Freundlichkeit, das Braun Behaglichkeit. Die Farbe Blau steht für Vertrauen, Harmonie und Glaubwürdigkeit. Einen Farbklang zu dieser Farbgebung gibt es nicht.

Insgesamt widerspricht das Design den Grunderwartungen. So haben die Farben weder irgendeinen Bezug zum Begriff Technologie noch sind die Firmenfarben darin umgesetzt. Betrachtet man jedoch die Webseiten aus dem Blickwinkel der Vielfältigkeit der Siemens-Produkte (Energie, Haushaltstechnik, Software, Telefonanlagen, Elektronik, Medizintechnik, etc.), dann ergibt diese Farbigkeit einen Sinn, da sie alle Aspekte des Lebens symbolisch abdeckt.

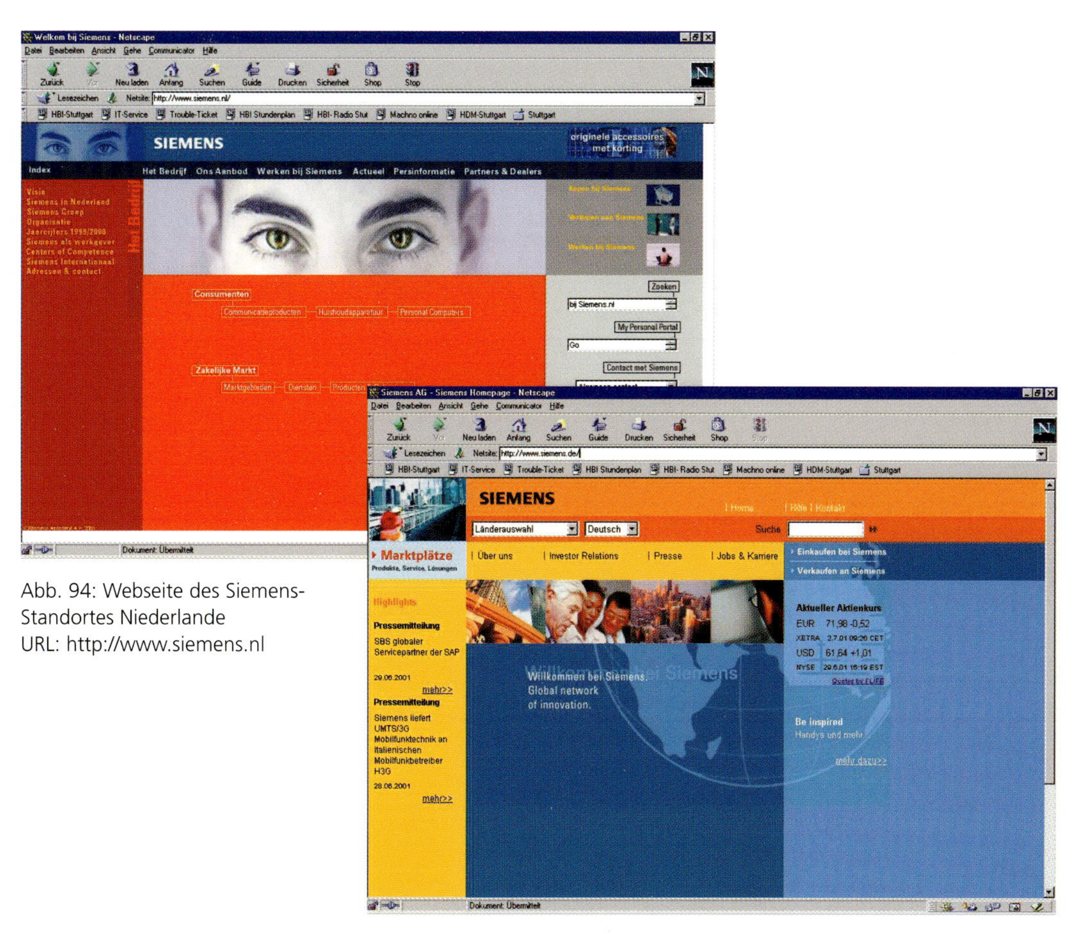

Abb. 94: Webseite des Siemens-Standortes Niederlande
URL: http://www.siemens.nl

Abb. 95: Webseite des Siemens-Standortes Deutschland
URL: http://www.siemens.de

Die asiatische Vorliebe für bunte Pastellfarben wird an dieser Webseite sehr schön deutlich, auch wenn hier eher eine kräftigere Farbwahl angewandt wurde.

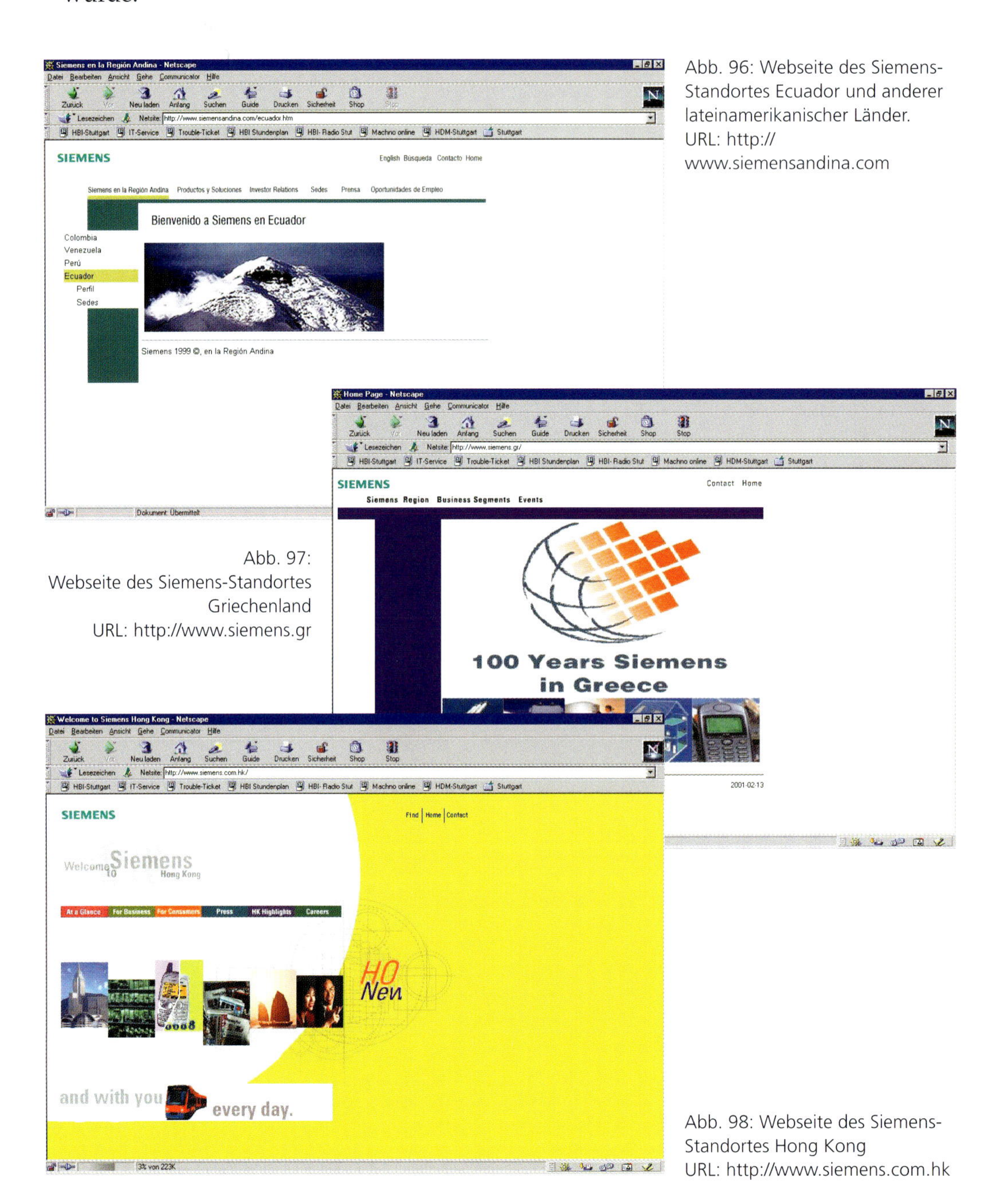

Abb. 96: Webseite des Siemens-Standortes Ecuador und anderer lateinamerikanischer Länder. URL: http://www.siemensandina.com

Abb. 97: Webseite des Siemens-Standortes Griechenland URL: http://www.siemens.gr

Abb. 98: Webseite des Siemens-Standortes Hong Kong URL: http://www.siemens.com.hk

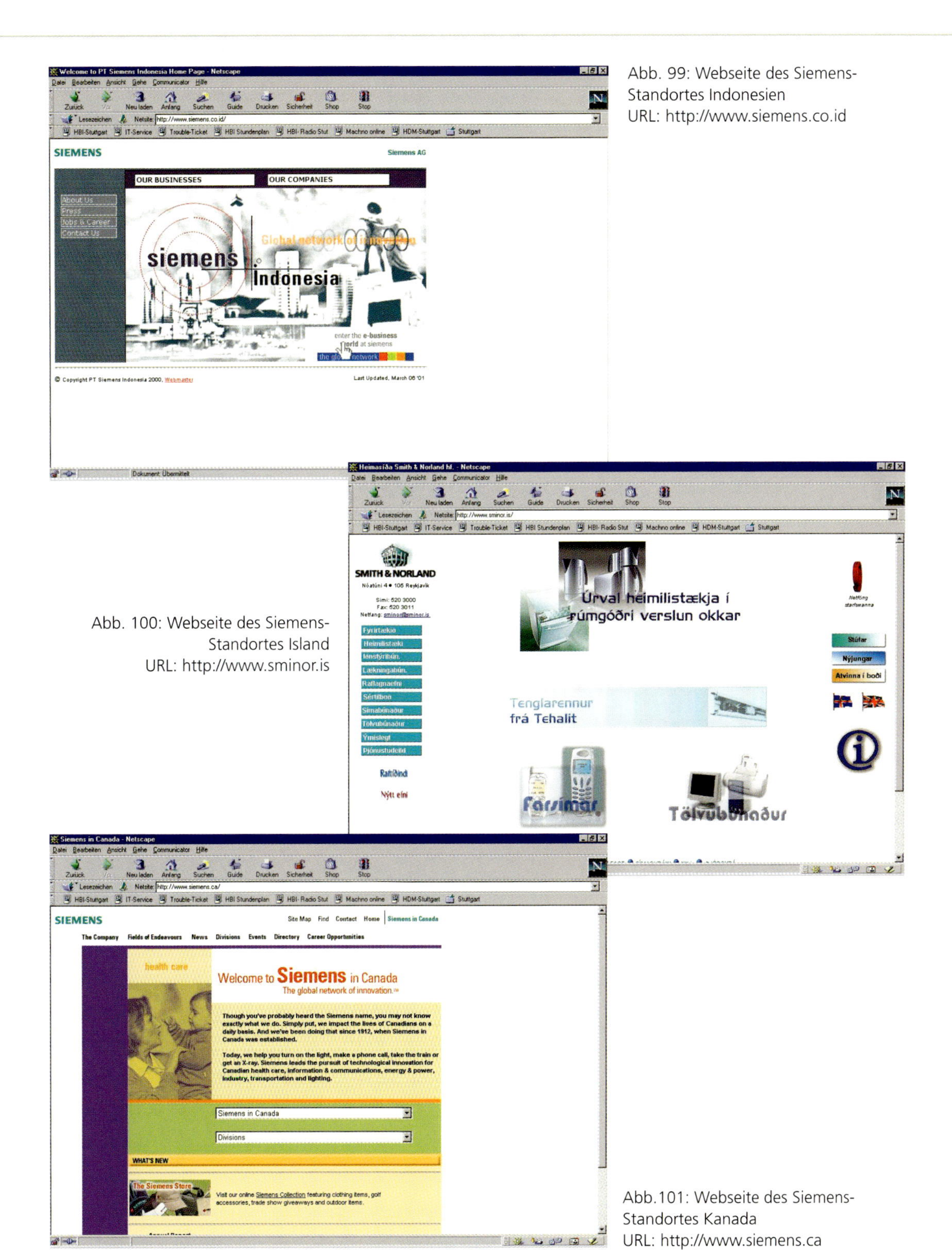

Abb. 99: Webseite des Siemens-Standortes Indonesien
URL: http://www.siemens.co.id

Abb. 100: Webseite des Siemens-Standortes Island
URL: http://www.sminor.is

Abb.101: Webseite des Siemens-Standortes Kanada
URL: http://www.siemens.ca

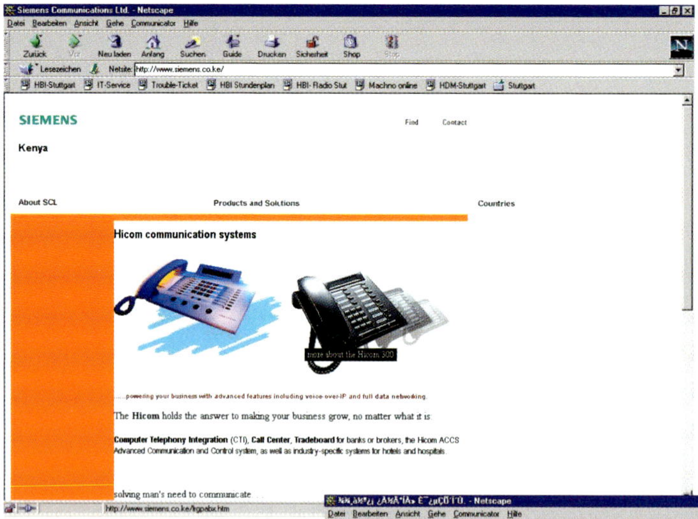

Abb. 102: Webseite des Siemens-Standortes Kenia
URL: http://www.siemens.co.ke

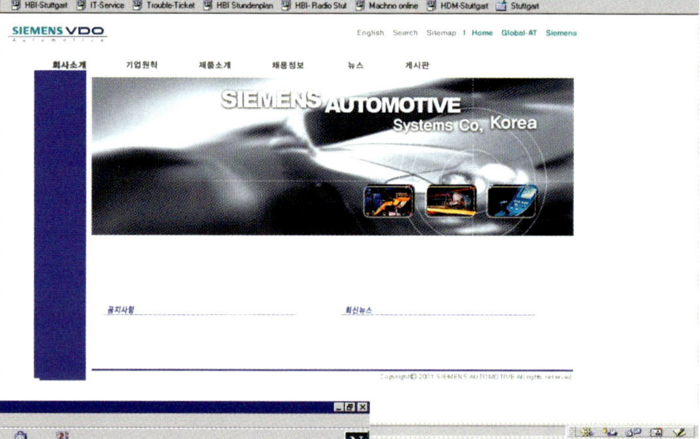

Abb. 103: Webseite des Siemens-Standortes Korea
URL: http://www.siemens.co.kr

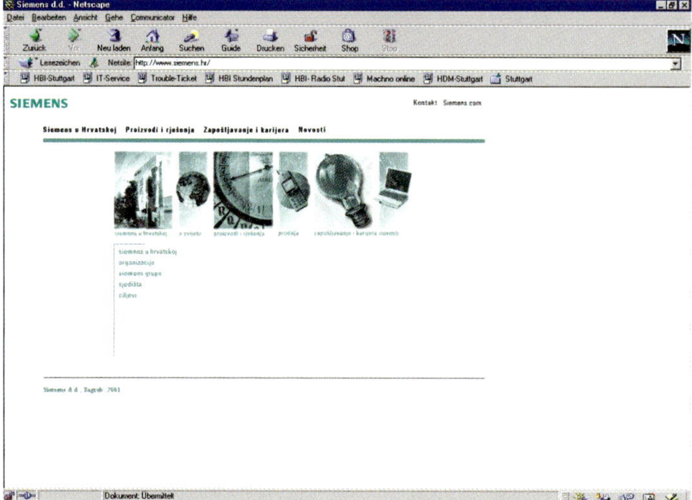

Abb. 104: Webseite des Siemens-Standortes Kroatien
URL: http://www.siemens.hr

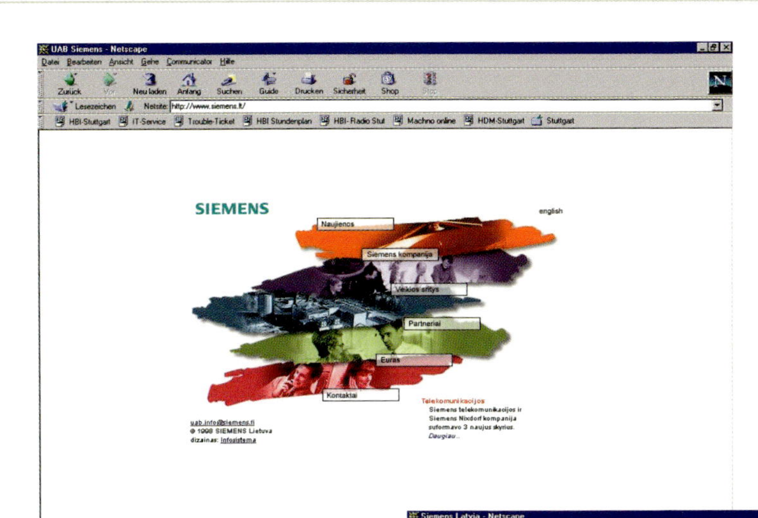

Abb. 105: Webseite des Siemens-Standortes Litauen
URL: http://www.siemens.lt

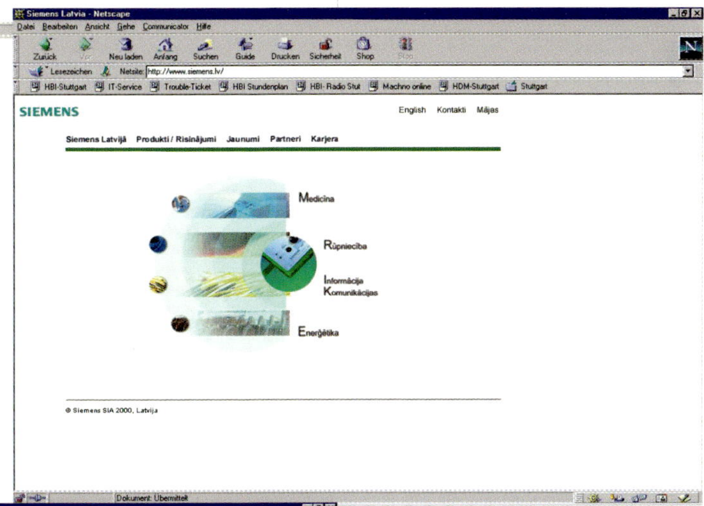

Abb. 106: Webseite des Siemens-Standortes Lettland
URL: http://www.siemens.lv

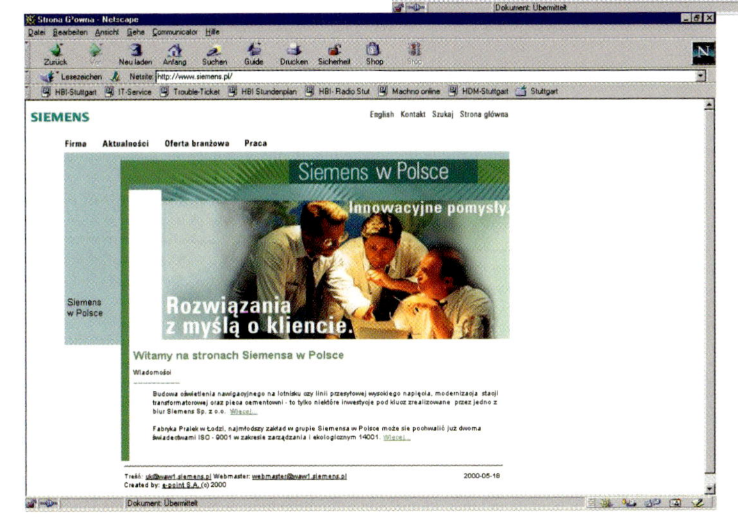

Abb. 107: Webseite des Siemens-Standortes Polen
URL: http://www.siemens.pl

Abb. 108: Webseite des Siemens-Standortes Südafrika
URL: http://www.siemens.com/page/1,3771,0-1-999_0_0-168,00.html

Abb. 109: Webseite des Siemens-Standortes Slowenien
URL: http://www.siemens.si

Abb. 110: Webseite des Siemens-Standortes Türkei
URL: http://www.siemens.com.tr

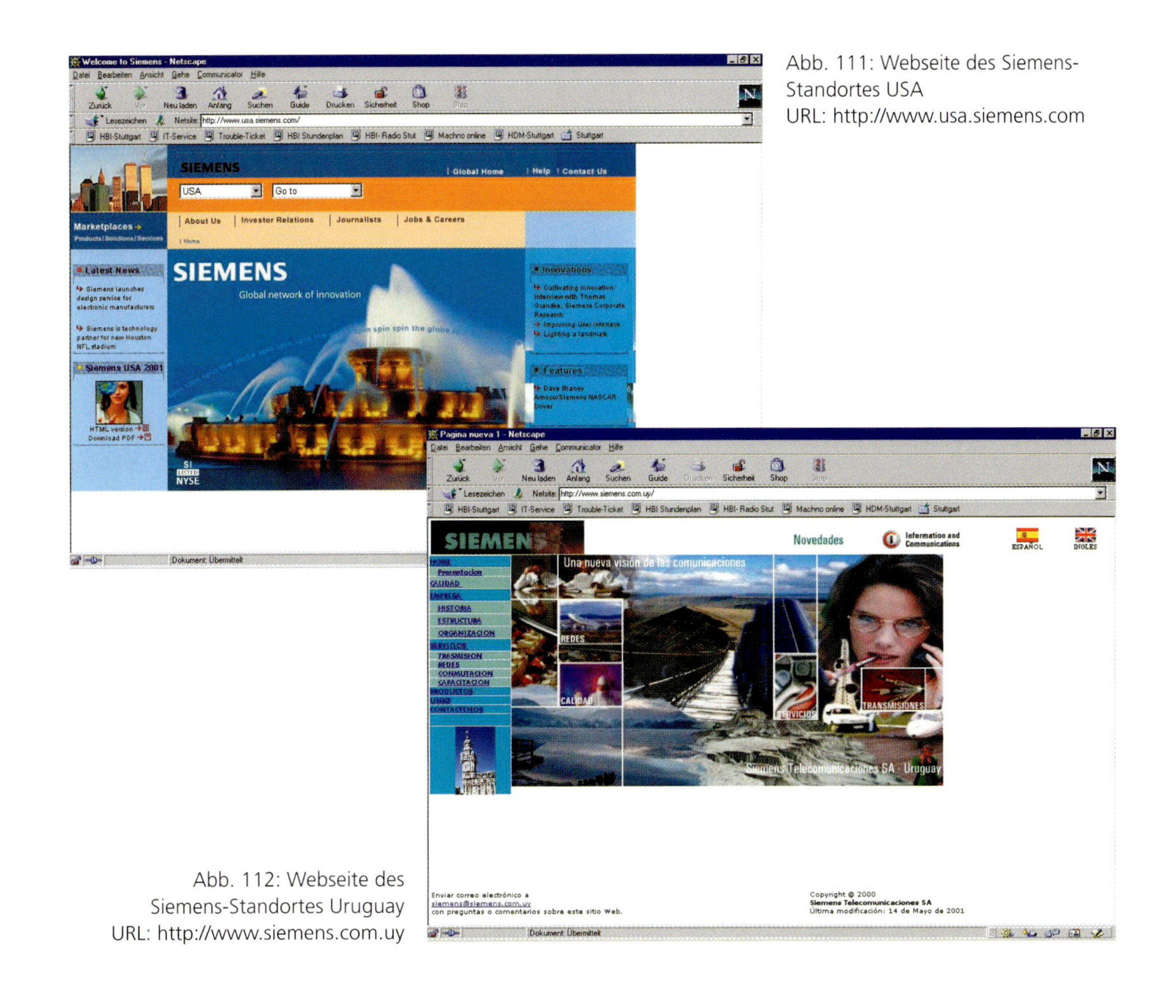

Abb. 111: Webseite des Siemens-Standortes USA
URL: http://www.usa.siemens.com

Abb. 112: Webseite des Siemens-Standortes Uruguay
URL: http://www.siemens.com.uy

Literaturverzeichnis

Bachmann, Birgit:
Gestalten mit Farbe – [s. l.] – Datum des Zugriffs: 12.09.2001. – URL:
http://ourworld.compuserve.com/homepages/Birgit Bachmann/farblehr.htm

Baumgart, G., Müller, A., Zeugner, G.:
Farbgestaltung: Baudekor, Schrift, Zeichnen. – 1. Aufl. – Berlin: Cornelsen, 1996

Beer, Ulrich:
Was Farben uns verraten. – 1. Aufl. – Stuttgart: Kreuz Verlag, 1992

Birkigt, K., Stadler, M. M., Funck, H. J.:
Corporate Identity: Grundlagen, Funktionen, Fallbeispiel. – 9., völlig überarb. Aufl. – Landsberg/Lech: Verl. Moderne Industrie, 1998

Bleckwenn, Ruth:
Gestaltungslehre: ein einführendes Arbeitsbuch/Ruth Bleckwenn, Beate Schwarze. – Hamburg: Handwerk und Technik, [o. J. ca. 1999]

Braem, Harald:
Die Macht der Farben. – München: Langen-Müller und Herbig. – 1985

Bruns, Margarete:
Das Rätsel Farbe: Materie und Mythos. – Stuttgart: Reclam, 1997

Cole, Alison:
Farbe: Bilder, Erlebnis, Kunst. – Stuttgart [u.a.]: Belser, 1994

Crüger, Ingrid:
Farbentheorie/Farbenlehre. – Darmstadt. – Datum des Zugriffs: 12.09.2001. – URL: http://darmstadt.gmd.de

Echo Production:
Virtual colorsystem/Hrsg. Echo Production, verantwortlicher Red.: Urs Baumann. – Zürich. – Datum des Zugriffs: 26.09.01. –
URL: http://www.colorsystem.com

Exakte Farbkommunikation:
vom Farbgefühl bis zur objektiven Messung. – Ahrensburg: Minolta, 1996

Farbe.com.
Redaktion des Forum Farbe.com – Porter Way (Milton, USA). – Datum des Zugriffs: 12.09.2001. – URL: http://www.Farbe.com

Gage, John:
Kulturgeschichte der Farbe: von der Antike bis zur Gegenwart. – Ravensburg: Maier 199

Gekeler, Hans:
Taschenbuch der Farbe. – Köln: DuMont, 1991

Goldstein, E. Bruce:
Wahrnehmungspsychologie: eine Einführung. – Heidelberg [u.a.]: Spektrum Akad. Verlag, 1997.

Gross, Rudolf:
Warum die Liebe rot ist: Farbsymbolik im Wandel der Jahrhunderte. – 1. Aufl. – Düsseldorf [u.a.]: Econ Verlag, 1981

Hallenberger, Brigitte, Rudolf, Hartmut:
Farben im Webdesign: Tutorial. – Essen: Rudolf, 2001.

Heller, Eva:
Wie Farben wirken: Farbpsychologie, Farbsymbolik, kreative Farbgestaltung. – Reinbek bei Hamburg: Rowohlt, 1999

Heller, Eva:
Wie Farben auf Gefühl und Verstand wirken: Farbpsychologie, Farbsymbolik, Lieblingsfarben, Farbgestaltung. – neue Ausg. – München: Droemer, 2000

Itten, Johannes:
Kunst der Farbe: Subjektives Erleben und objektives Erkennen als Wege zur Kunst. – Studienausg., 16. Aufl. – Ravensburg: Maier, 1987

Knuf, Joachim:
Unsere Welt der Farben: Symbole zwischen Natur und Kultur. – Köln: DuMont, 1988

Kroeber-Riel, Werner:
Bildkommunikation. Imagerystrategien für die Werbung. – München: Vahlen, 1993

Küppers, Harald:
Die Farbenlehre der Fernseh-, Foto- und Drucktechnik: Farbentheorie der visuellen Kommunikationsmedien. – Köln: DuMont, 1985

Küppers, Harald:
Das Grundgesetz der Farbenlehre. – Köln: DuMont, 1978

Küppers, Harald:
Harmonielehre: theoretische Grundlagen der Farbgestaltung. – Köln: DuMont, 1989

Lang, Hartwig:
Farbwiedergabe in den Medien: Fernsehen, Film, Druck. – Göttingen [u.a.]: Muster-Schmidt Verlag, 1995

Leibmann, Holger, Rozsa, Tobias:
Logomaniacs: Weg zu den Zeichen der Zeit. – Augsburg: Maro Verlag, 1998

Maffei, Lamberto, Fiorentini, Adriana:
Das Bild im Kopf: von der optischen Wahrnehmung zum Kunstwerk. – Basel u.a.: Birkhäuser, 1997

Parramón, José M.:
Das große Buch der Farben: Geschichte der Farben; Farbtheorien; Kontraste, Farben der Körper und der Schatten … – 1. Aufl. – Stuttgart: Edition M. Fischer, 1993

Pawlik, Johannes:
Goethes Farbenlehre: didaktischer Teil; Textauswahl mit einer Einführung und neuen Farbtafeln. – Köln: DuMont, 1974

Pawlik, Johannes:
Theorie der Farbe: eine Einführung in die begriffliche Gebiete der ästhetischen Farbenlehre. – Köln: DuMont, 1976

Riedel, Ingrid:
Farben: in Religion, Gesellschaft, Kunst und Psychologie. – 18. Aufl. – Stuttgart: Kreuz Verlag, 1998

Schilling, Inge, Schilling, Gerd:
Symbolsprache Farbe. – Orig.-Ausg. – München: Droemersche Verlagsanstalt Knaur, 1996

Seilnacht, Thomas:
Das Phänomen Farbe. – Tuttlingen. – Datum des Zugriffs: 12.09.2001. – URL: http://www.seilnacht.tuttlingen.com

Sölsch, Reinhold:
Farbenlehre. – Bern. – Datum des Zugriffs: 12.09.2001. – URL: http://www.farbenlehre.com

Thissen, Frank:
Screen-Design Handbuch. Effektiv informieren und kommunizieren mit Multimedia. – 2., überarb. und. erw. Aufl. – Berlin u.a.: Springer-Verlag, 2001

Treitz, Norbert:
Farben. – 1. Aufl. – Stuttgart: Klett, 1985

Weinmann, Lynda:
Insiderbuch Webdesign. – Zürich: Midas Verlag, 1998

Zimbardo, Philip G., Gerrig, R. J.:
Psychologie – bearb. u. hrsg. von Siegfried Hoppe-Graff. – 7., neu übers. und bearb. Aufl. – Berlin [u.a.]: Springer-Verlag 1999

Bildquellenverzeichnis

Abb. 18, 19, 22, 23, 24
Bachmann, Birgit: Gestalten mit Farbe – [s. l.] – Datum des Zugriffs: 12.09.2001. – URL: http://ourworld.compuserve.com/homepages/Birgit Bachmann/farblehr.htm

Abb. 13, 14, 17
Cole, Alison: Farbe: Bilder, Erlebnis, Kunst. – Stuttgart [u.a.]: Belser, 1994

Abb. 1, 2, 3, 5, 6, 8, 9, 10, 11
Farbgestaltung: Baudekor, Schrift, Zeichnen/[Günter] Baumgart, [Angela] Müller, [Gerhard] Zeugner. – 1. Aufl. – Berlin: Cornelsen, 1996

Abb. 20, 21
Hallenberger, Brigitte: Farben im Webdesign: Tutorial. – Hartmut Rudolf und Brigitte Hallenberger. – Essen: Rudolf, 2001.

Abb.16
Heller, Eva: Wie Farben auf Gefühl und Verstand wirken: Farbpsychologie, Farbsymbolik, Lieblingsfarben, Farbgestaltung. – neue Ausg. – München: Droemer, 2000

Abb. 4, 7, 12, 15
Parramón, José M.: Das große Buch der Farben – 1. Aufl. – Stuttgart: Edition M. Fischer, 1993

Die Abb. 25, 26, 27, 28, 29, 30, 31 sind den untengenannten Webadressen entnommen
http://www.intuitivmedia.de, Zugriff: 16.8.2002
http://www.GetThePixel.com, Zugriff: 16.8.2002
http://www.FotoDatenbank.com, Zugriff: 16.8.2002

Die Grafiken auf den Anfangsseiten der Farbenkapitel sind folgenden Zeitschriften sowie den oben genannten Webadressen entnommen:

Brigitte/Verleger: Gruner + Jahr, Hamburg. Hefte aus 1998 bis 2000 sowie Beilagen.

Freundin/Verleger: Burda Verl., München – Heft 21/2001

Room: das neue Magazin von IKEA / Hrsg.: IKEA. – London. – Heft 1 bis 4, 2001

Trotz größter Sorgfalt konnten die Urheber der Abbildungen nicht in allen Fällen ermittelt werden. Wir bitten gegebenenfalls um eine Mitteilung.

Endnoten

[1] Treitz (1986)
[2] Bleckwenn / Schwarze (o. J., ca. 1999)
[3] Küppers (1989)
[4] Hallenberger / Rudolf (2001)
[5] Liedl, Roman: Die Pracht der Farben / Roman Liedl, S. N. Amerstorfer.
[6] Hallenberger / Rudolf (2001)
[7] Liedl, Roman: Die Pracht der Farben / Roman Liedl, S. N. Amerstorfer.
[8] Hallenberger / Rudolf (2001)
[9] Heller (2000)
[10] Heller (2000): Im Jahr 1988 wurden 1 888 Personen anonym zum Thema Farben befragt. Sie füllten einen Fragebogen aus, in dem sie zu 200 Gefühlen und Eigenschaften die Farben zuordnen sollten. Die Befragten waren zwischen 14 und 83 Jahre alt und kamen aus allen Gesellschaftsschichten.
[11] Hallenberger / Rudolf (2001)
[12] Hallenberger / Rudolf (2001)
[13] Hallenberger / Rudolf (2001)
[14] Bleckwenn / Schwarze (o. J., ca. 1999)
[15] Bleckwenn / Schwarze (o. J., ca. 1999)
[16] Heller (2000)
[17] Heller (2000)
[18] Itten, Johann: Kunst der Farbe. – Ravensburg, 1961
[19] Heller (1999)
[20] Heller (1999)
[21] Leibmann / Rozsa (1998)
[22] Heller (1999)
[23] Heller (1999 und 2000)
[24] Heller (1999)
[25] Heller (1999 und 2000)
[26] Heller (2000)
[27] Heller (1999)
[28] Berlin, Brent, Kay, Paul: Basic Color Terms: their Universality and Evolution. – University of California Press, 1969
[29] Heller (2000)
[30] Heller (2000)
[31] Heller (2000)
[32] Heller (1999)
[33] Heller (1999 und 2000)
[34] Kandinsky, Wassily: Über das Geistige in der Kunst, 1912. – München, 1987
[35] Heller (2000)
[36] Heller (1999)
[37] Goethe, Johann Wolfgang von. Zur Farbenlehre. Didaktischer Teil, 1808. Polemischer Teil: Enthüllung der Theorien Newtons, 1810. Materialien zur Geschichte der Farbenlehre, 1810. Nachträge zur Farbenlehre. Zitiert nach der Cotta'schen Gesamtausgabe. – Stuttgart, 1885. Band 10.
[38] Heller (1999)
[39] Kandinsky, Wassily: Über das Geistige in der Kunst, 1912. – München, 1987
[40] Heller (2000)
[41] Pawlik (1974)

[42] Heller (2000)
[43] Heller (1999)
[44] Heller (1999)
[45] Heller (1999)
[46] Heller (1999)
[47] Heller (1999)
[48] Heller (1999)
[49] Heller (1999)
[50] Informationen sind die interpretierten Daten von Heller (1999), zit. n. Pawlik (1974)
[51] Heller (1999)
[52] Heller (1999)
[53] Massny, Doris: Die Formel „das braune Mägdlein" im alten deutschen Volkslied. In: Niederdeutsche Zeitschrift für Volkskunde 15, 1937.
[54] Heller (1999)
[55] Rabbow, Arnold: dtv-Lexikon politische Symbole. – München, 1970
[56] Rabbow, Arnold: dtv-Lexikon politische Symbole. – München, 1970.
[57] Pawlik (1974)
[58] Heller (1999)
[59] Bühler, Hans Adolf: Das innere Gesetz der Farbe: eine künstliche Farbenlehre. – Berlin, 1930
[60] Heller (1999)
[61] Heller (1999)

Index

D

E

F

G

M

N

O

P

Q

R

S